日本語 _{쉽게} 가르치는法

ABC

寺田　和子・三上　京子
山形美保子・和栗　雅子

初めて教える人のための「教え方のコツ」を満載

初級教科書に出てくる約150文型を網羅

豊富なイラストで教室活動の流れがわかる

主要な教科書・参考書との対応表で使いやすい

各課ごとにコピーしてすぐに使える教材つき

語文學社

머리말

현재 일본어 교육 현장에서, 실제로 가장 많이 행해지고 있는 지도법은 「『직접법』에 의한 『문형 쌓아가기 방법』에 『코뮤니커티브 어프로치의 아이디어』를 도입한 방법」입니다. 이러한 상황을 배경으로 아루크에서 「문형별로 가르치는 방법」이라는 타이틀로 『월간 일본어』에 기재를 의뢰받았을 때가 1995년 가을이었습니다. 여기에 뜻을 같이한 저희 4사람이 모여서 1996년 4월부터 1998년 3월까지 2년간, 실제 일본어를 가르칠 때 필요한 최소한의 것을 구체적인 부분까지 염두에 두고 집필하였습니다.

이번에 아루크의 호의에 힘입어 그 연재물이 1권의 책으로 출판 되었습니다. 지면관계 등으로 기재할 수 없었던 부분을 포함해서, 또한 독자 분들의 피드백에도 보답한다는 생각으로 새로운 작업을 하였습니다.

이번에 저희들이 목표로 한 것은 다음과 같습니다.

· 이론은 공부했으나 실제로 가르쳐본 경험이 없는 분들에게 도움을 줄 것.
· 콤팩트하고, 초급단계에서 필요한 문형은 거의 모두 포함 할 것.
· 일본어 교사에게 필요한 최소한의 문법에 관한 정보를 제공 할 것.
· 시판되는 참고서의 응용과, 가르칠 때 도움이 되는 指導 도서, 문법과 어휘의 참고서, 교육 활동집 등 다른 서적에 관한 정보가 있을 것.

이 책의 출판에 있어서 편집장님 新城宏治님에게 많은 신세를 졌습니다.

연재할 때부터 매회 검토회의에 참석해 주시고 열심히 격려해 주셨습니다.

이번 정리할 때도 항상 성실하게 여러 가지를 배려해 주셨습니다. 또한 편집자의 貞島理美님과 淺野陽子님, 멋진 그림을 그려주신 岡村伊都님에게도 신세 많이 졌습니다.

저희들의 부끄러운 주문에 응해주시고 힘을 주셔서 대단히 감사드립니다.

부족한 점이 많다고 생각합니다. 지적해 주시면 고맙겠습니다.

1998년 10월 　寺田　和子

三上　京子

山形美保子

和栗　雅子

はじめに

　現在、日本語教育の現場で、実際に最も広く行われている指導法は、「『直接法』による『文型積み上げ方式』に『コミュニカティブアプローチのアイデア』を取り入れたやり方」だということです。このような実情を背景に、アルクから「文型別教え方のコツ」というタイトルで『月刊日本語』に連載を、というご依頼があったのは、1995年の秋のことでした。そこで、気心の知れた私ども四人が集まって1996年4月から1998年3月までの2年間、実際に日本語を教える上で必要最低限のものを、できるだけ具体的に、と心掛けて執筆いたしました。

　このたび、アルクのご好意により、その連載が一冊の本として出版されることになりました。紙面の関係などで書き足りなかったところなどを加え、更に読者の方々のフィードバックにもお応えして新しくいたしました。

　今回、私どもが目標としたのは、次のようなことです。
・理論は勉強したが実際に教えた経験はない、という方々のお役に立つもの。
・コンパクトでありながら、初級に必要な文型はほぼ網羅しているもの。
・日本語教師に必要な最低限の文法についての情報があるもの。
・市販のテキストの対応課、教える上で役立つ指導書、文法・語彙の参考書、
　教室活動集など、ほかの書物についての情報があるもの。

　この本の出版にあたり、編集長の新城宏治氏には大変お世話になりました。連載中から、毎回、検討会にご出席くださり、熱心に励ましてくださいました。今回まとめるに当たっても、いつも誠実にいろいろとご配慮くださいました。また、編集者の真島理美さん・浅野陽子さん、すてきな絵をかいてくださった岡村伊都さんには、大変お世話になりました。私どものむずかしい注文に沿うよう、力を注いでくださいました。深く感謝しております。

　まだまだ至らぬ点や気が付かない点が数多くあることと思います。お気付きの点については、お教えいただければ幸いでございます。

1998年10月　　寺田　和子

三上　京子

山形美保子

和栗　雅子

この本をお使いになる方へ ・・・・・・・・・・・・・・・・・・・・・・・・

◎本書の特徴

　本書は、日本語教師としての経験が浅い方、あるいは教師養成講座などで勉強中だったり、講座を修了したてでまだ教えた経験がない方を対象としています。初めて教えるときに、これだけは知っておいてほしいという文法知識をはじめとして、どんな教材を用意したらいいのか、導入や練習の手順はどうするのか、授業ではどんな楽しい活動ができるのかなどの「教え方のコツ」を、できるだけわかりやすく書きました。

　文型は、広く使われている何冊かの初級教科書に採用されているもののほとんどをカバーしたつもりです。紙面の関係で一部扱えなかったものもありますが、そのような文型については、ここに出ているほかの文型の教え方を参考に、ご自分で工夫なさってみてください。

　ほとんどの課には、複数の文型が提示されていますが、これは多くの場合、同じ活用形のものや、文型の意味や機能が似ているものを便宜上まとめて出したためです。1回の授業で、それらの文型をすべて教えるということではないので、注意してください。

　巻末には、以下のような資料を用意しました。授業の準備をするときや、教え方に行き詰まったときなどの参考にしていただきたいと思います。

◎巻末資料

①巻末教材……コピーして授業ですぐに使えるような、導入や練習のためのイラスト、表、タスクおよび会話のシートなど

②文型・文法項目 索引

③主な市販テキスト・参考書との対応表

④参考図書……各課の文型導入や練習に使える市販図書・教材

⑤参考文献……文法的な知識や教授法に関する参考文献

◎各課の構成

　各課の構成は次のようになっています。

 文型

　その課で導入・練習する文型を、実際に授業で出す例文の形で提示してあります。各文型は、一応ここに出した順番で教えられるように考えてありますが、ご使用になるテキストやクラスのカリキュラムによっては、文型の提出順がこれとは異なることもあると思います。その場合は、既習の文型項目やその提出順などをよく確認してください。また、ここに挙げられた文型は、巻末の索引から引くことができます。

 文法知識の整理

　その課の文型を教えるにあたって、必要となる最小限の文法知識についてまとめてあります。学習者が混乱しないよう、わかりやすく機能的に文型を導入するためには、まず教師のほうが、文法についてしっかりした知識をもっていることが必要です。ここで、基本的なことを確認したら、さらに巻末の資料にあるような文法書ならびに教授法の本を読むことをお勧めします。

 教え方の例

　ここでは、授業に臨むにあたって準備すべき教材や、導入・練習の具体的手順を示しました。教師の側の動作や発話、板書のしかた、また学習者側にリピートさせる部分、学習者同士のやりとりなどが、一連のシナリオの形で書かれています。実際に教える場面では、学習者とのやりとりは、常に相手や状況に応じて変えるべきものなので、ここに書かれているとおりに授業が進むとは限りません。授業の流れがどんなものであるか、一つの例としてイメージしていただければと思います。また、教えるときに注意すべき点、学習者が混乱しやすいところ、ドリルや活動のアイデアなどを、「注」としてつけ加えました。

活動例

　文型を導入・練習したあとで定着させるための、さまざまなタスクやゲーム、インタビュー、会話、ロールプレイなどの例を載せました。どの活動も、教師からの一方通行ではなく、学習者同士がお互いに質問しあったり、あちこち動いて聞いて回ったりなど、できるだけ学習者が口を開くように考えられています。巻末にそのためのイラストや表、シートなどがありますから、コピーしてお使いください。また、ここに載せたもの以外にも、ぜひ、いろいろなタスクやゲーム、絵教材を工夫して作ってみてください。

コラム

　ところどころにあるコラムには、各課の文型に関する知識、語彙や文法についての解説、授業の進め方のアイデアなどを載せました。教えるときに役立つちょっとした情報源として利用してください。

板書マーク

　タイミングのよい板書は、学習事項の理解・定着に欠かすことはできません。導入での板書の仕方と、その板書をするタイミングを　で示しました。ただし、学習者の反応によってもタイミングは変わってきます。また、ここに出しているものは最低限の板書で、これがすべてではありませんので、ご注意ください。

◎教授法の用語と記号について

＜導入とは＞

　導入には、大きく分けて語彙の導入と文型の導入があります。新しい課に入るとき、まず新しい語彙の意味、発音、どんな文でどう使うのかということを、絵カードや実物（レアリアともいう）で示し、同時に発音練習をします。文型の導入は、その文型がどんな場面や状況で使われるのかを、なるべくわかりやすい例文で示します。新しい語彙の導入は既習の文型を使って行い、新しい文型の導入は既習の語彙を使ってする、というのが原則です。

＜練習（ドリル）のしかた＞

練習（ドリル）は、導入した新しい文型がなめらかに言えるようになるために行うものです。その際、ただおうむ返しに繰り返すことがないよう、絵カードや実物、写真なども利用し、できるだけ意味のある発話をさせるよう、工夫が必要です。定着を図るためのドリルの種類や方法については、巻末資料にあるような、教室活動集や教授法関連の本を参考にしてください。

＜タスクについて＞

タスクとは、作業とか課題という意味です。導入や練習（ドリル）を通して、新しい語彙や文型がある程度使えるようになったら、より実際のコミュニケーションに近づけた形でタスクをすることによって、習ったことを実生活で運用できるようにします。タスクの種類ややり方については、各課の説明と合わせて、巻末教材をご覧ください。

＜記号など＞

×マーク：主に否定形の練習に使います。これがあれば、1枚の文字カードまたは絵カードで、肯定形、否定形の両方を言わせることができます。

？マーク：疑問詞の使い方を導入するとき、その疑問詞にとってかわる言葉に、？マークを置いて使います。

ハートマーク：行為の授受の文型で、行為者の好意を表します。行為を行った人物から、その行為によって恩恵を受けた人物へ、マークを移動させることによって、行為の授受という抽象的な概念をつかませることができます。

視点マーク：話者の視点が変わることによって、使われる語や文型が異なる、ということを示すときに使います。視点マークは、今回、私たち四人が教え方の検討を重ねる中で、考案したものです。

●目　次

はじめに 3

この本をお使いになる方へ 4

目次 8

■本文 15

文型を教える前に 16

◎コラム　クラスの初日は "アイス　ブレイキング"

第1課　名詞文 20

1. 鈴木さんは先生です。
2-1. リンさんですか。
2-2. はい、リンさんです。／いいえ、リンさんじゃありません。
2-3. だれですか。――キムさんです。
3. 中国のリンさんです。東西大学の学生です。

◎コラム　「これは本でした」……じゃ、今は何？

第2課　こ・そ・あ・ど 26

1-1. これは時計です。
1-2. それはペンです。
1-3. あれはABCのビルです。
2. 何ですか。
3. これはわたしのかばんです。これはわたしのです。
4. リンさんのペンはどれですか。
5. この／その／あの人はケネディです。
6. どの人ですか。

第3課　動詞文　その1 32

1. 木村さんは7時に起きます。
2-1. 木村さんは9時から4時まで働きます。
2-2. 12時から1時まで働きません。
3. きのう勉強しました。／ませんでした。
4. 時を表す言葉

第4課　動詞文　その2 38

1. パンを食べます。
2. 何を飲みますか。
3. 会社で昼ごはんを食べます。
4. どこで新聞を読みますか。

◎コラム　バスで？　バスに？　バスを？

第5課　動詞文 その3 44
　1.　毎日、会社へ行きます。
　2.　電車で学校へ来ます。
　3.　いつ日本へ来ましたか
　4.　デパートへくつを買いに行きました。
　5.　映画を見に行きませんか。――いいですね。行きましょう。
　◎コラム 「行きます」「来ます」にご注意

第6課　形容詞文 50
　1.　大きいかばんです。
　2.　親切な人です。
　3.　この時計は高いです。　高くないです。
　4.　この部屋はきれいです。　きれいじゃありません。
　5.　どんなかさですか。――青いかさです。
　6.　日本語はどうですか。――むずかしいです。
　7.　きのうは暑かったです。
　8-1.　あの店のカレーは安くて、おいしいです。
　8-2.　リンさんは親切で、きれいな人です。
　9.　日本語はむずかしいですが、おもしろいです。

第7課　存在 58
　1.　公園に電話があります。
　2.　机の上にテープレコーダーがあります。
　3.　箱の中に何かありますか。――いいえ、何もありません。
　4.　箱の中にあめがいくつありますか。――7つあります。
　5.　時計はどこにありますか。
　◎コラム 「あります」のいろいろ

第8課　〜は〜が文 64
　1.　リンさんは髪が長いです。
　2.　キムさんはサッカーが好きです。
　3.　キムさんは車があります。
　4.　わたしは車がほしいです。
　5.　わたしは映画を　が見たいです。
　◎コラム 程度の副詞

第9課　比較 70
　1.　12月は11月より寒いです。
　2.　11月は12月ほど寒くないです。
　3.　タクシーとバスとどちらが速いですか。――タクシーのほうが速いです。

4.　豚肉ととり肉と牛肉の中でどれがいちばん安いですか。── とり肉がいちばん安いです。

5.　スポーツ（の中）で何がいちばん好きですか。── テニスがいちばん好きです。

第10課　授受 76

1.　わたしはリンさんに花をあげます。

2.　リンさんはタノムさんに　から本をもらいました。

3.　佐藤さんのおとうさん－わたしの父（家族の呼称）

4.　兄はわたしにCDをくれました。

第11課　て形　その1 82

1.　動詞の分類

2.　動詞の「て形」：行って、食べて、して

3.　見てください。

4.　友達と食事をして、映画を見ます。

5.　歯をみがいてから、朝ごはんを食べます。

◎コラム　黒板は教師の雑記帳じゃない！

第12課　て形　その2 88

1.　リンさんは今、そうじをしています。

2.　パクさんは、日本の会社で働いています。

3.　ケリーさんは、青いセーターを着ています。

4.　テレビを見ながら、ごはんを食べています。

5.　雨が降っています。

6.　漢字を大きく　きれいに書きました。

◎コラム　教師は体ごと教材!?

第13課　ない形 96

1.　動詞の「ない形」：行かない、食べない、しない

2.　ここでたばこを吸わないでください。

3.　朝ごはんを食べないで、学校へ来ました。

4.　ここは駐車禁止ですから、車を止めないでください。

5.　どうして朝ごはんを食べませんでしたか。

第14課　辞書形 102

1.　動詞の「辞書形」：行く、食べる、する

2.　歌を歌うことは楽しいです。

3.　わたしの趣味は歌を歌うことです。

4.　掃除をすることがあります。

5.　漢字を読むことができます。

第15課　た形 108
1.　歌舞伎を見たことがあります。
2-1.　勉強をしたあとで、テレビを見ます。
2-2.　テレビを見るまえに、勉強をします。
3.　日曜日には、本を読んだり、散歩をしたりします。
4.　時計をしたまま泳いでいます。
5.　かさを持って行ったほうがいいですよ。

第16課　普通形 114
1.　その人は男の人だと思います。
2.　日曜日に箱根へ行くと言いました。
3.　日曜日はいい天気だそうです。
4-1.　おいしいかどうか、わかりません。
4-2.　図書館はどこにあるか、わかりません。
5.　あしたもたぶん、いい天気でしょう。
6.　ケリーさんは来ないかもしれません。
◎コラム　「私は来年結婚するでしょう」は正しい?

第17課　名詞修飾 122
1.　これはスペインで買ったかばんです。
2.　これはロペスさんが買ったかばんです。
3.　ごはんを食べるとき、フォークを使います。
4.　はじめてさしみを食べたとき、おいしいと思いました。
5-1.　ねるとき、まどを閉めました。
5-2.　起きたとき、「おはよう」と言います。

第18課　許可・禁止 128
1-1.　本を見てもいいですか。
1-2.　いいえ、見てはいけません。
2.　毎朝5時に起きなければなりません。
3.　土曜日は5時に起きなくてもいいです。
◎コラム　まわりの人を巻き込もう

第19課　可能動詞 134
1.　「可能動詞」：行ける、食べられる、できる
2.　山田さんはピアノが弾けます。
3.　山の上ではスキーができます。
4.　黒板の字が見えます。
5.　車の音がします。
6.　子どもが歩いているのが見えます。

第20課　自動詞・他動詞 140

1.　マッチを消します。／マッチが消えます。
2.　ドアが閉まっています。
3.　くだものを買っておきます。
4.　くだものが／を買ってあります。
5.　おいしいかどうか、食べてみます。
6.　しょうゆを買ってきます。

第21課　意向形 146

1.　夏休みに富士山に登ろうと思っています。
2.　夏休みに富士山に登るつもりです。
3.　どうしたんですか。――頭が痛いんです。
4.　さいふを忘れてしまいました。
◎コラム　「降ろう」「あろう」って何？　◎コラム　ロールプレイとは

第22課　条件文　その1 154

1.　雨が降ったら、行きません。
2.　雨が降っても、行きます。
3.　電子辞書を買うなら、新宿のABCが安いですよ。
4.　駅についたら、電話します。
5.　何を食べたらいいですか。

第23課　様態 160

1.　このケーキはおいしそうです。
2.　雨が降りそうです。
3.　道子さんの顔は人形のようです。
4.　ウサギは赤い目をしています。

第24課　推量 166

1.　いいことがあったようです。
2.　このレストランはおいしいらしいです。
3.　山田さんはもうすぐ来るはずです。
◎コラム　「男らしい人」「男みたいな人」は男？　女？

第25課　行為の授受 172

1-1.　キムさんは鈴木さんの引っ越しを手伝ってあげました。
1-2.　鈴木さんはキムさんに引っ越しを手伝ってもらいました。
2.　リンさんがペンを貸してくれました。
3.　ちょっと教えていただけませんか。
◎コラム　教室に日本人の友達を呼んでこよう

第26課　理由・変化..178
　　1.　　バスが来なかったので、おそくなりました。
　　2.　　暗くて、見えません。
　　3.　　電車が遅れたために、試験が受けられませんでした。
　　1-1.　少し休んだら、気分がよくなりました。
　　1-2.　少し休んだら、元気になりました。
　　5.　　歩けるようになりました。

第27課　条件文　その2　..184
　　1.　　ここをおすと、テープが出ます。
　　2-1.　雨が降れば、ジョギングしません。
　　2-2.　天気がよければ、ジョギングします。
　　3-1.　必要なら(ば)、買います。
　　3-2.　いい天気なら(ば)、泳ぎに行きます。
　　4.　　1時間も待ったのに、友達は来ませんでした。
　◎コラム　「～と、～」「～て、～」には文末の制限あり

第28課　受け身..192
　　1.　　リンさんは先生に呼ばれました。
　　2.　　わたしはとなりの犬に手をかまれました。
　　3.　　雨に降られて、ぬれてしまいました。
　　4.　　この建物は500年前に建てられました。

第29課　使役..198
　　1.　　先生は子どもを立たせました。
　　2.　　先生は子どもに窓を開けさせました。
　　3.　　子どもは先生に窓を開けさせられました。
　　4.　　わたしに歌わせてください。

第30課　敬語..204
　　1.　　何を召し上がりますか。
　　2.　　何時ごろお帰りになりますか。
　　3.　　わたしがお持ちします。
　　4.　　ブラジルからまいりました。
　　5.　　家具売り場でございます。

■巻末教材..211
　　　　　文型・文法項目　索引............................244
　　　　　主な市販テキスト・参考書との対応表............246
　　　　　参考図書・参考文献............................250

文型を教える前に

　日本語を初めて習うという人に教えるとき、普通はテキストの第1課に入る前に、簡単なあいさつや、教室で使う表現、ひらがな、数字、時間、曜日などを教えておく。そしてこれらの項目は、毎回の授業の中で繰り返し出すことによって、自然に身に付けさせるとよい。以下にその主な指導項目と教えるときの注意点を挙げる。

[あいさつ]

＊あいさつは、語学のクラスに限らず、どんな場面でも大切なものである。あいさつがきちんと、気持ちよくできることは、人間関係を円滑に進めるための第一条件と言ってもよい。

＊教室では、「おはようございます」「こんにちは」などの始まりのあいさつのほか、「さようなら」「またあした」などの終わりのあいさつ、「ありがとう（ございます）」「どうも」「すみません」などが、時と場合によって、スムーズに言えるようにする。

＊学習者によっては、発音やアクセントがなかなか上手にできない場合もあるが、初めから厳しく訂正をすることは、学習意欲を失わせることにもなる。むしろ、多少ド手でも、あいさつを通して、日本語で表現し、コミュニケーションできるということの喜びを感じてもらえるようにしたい。

[学習者の呼び名]

＊日本の学校では、生徒を名字で呼ぶのが普通だが、外国人学習者の場合、名字でも名前でも、本人の望む形で呼ぶようにする。

＊呼び名をカタカナで表記すると発音が違ってしまう場合もあるが、なるべく本当の発音に近づけられるよう、本人に聞いて確かめること。

＊クラスを複数の教師がチームで教えている場合は、教師の間で、学習者の
　呼び方を統一しておくようにする。そして、教師はできるだけ早く、学習
　者一人ひとりの顔と呼び名を覚えることが大切である。

［教室で使う表現］

＊よく、初級のテキストの初めのところに、教室で使う表現として、「始め
　ましょう」「テキストを開けてください」などがリストになって載ってい
　るが、これらは教師の側からの必要な表現である。教室活動をスムーズに
　行うために、これらの表現ももちろん大切であるが、学習者の側からも次
　のような表現が必要になるはずなので、教えておきたい。
　　　「もういちど、お願いします」
　　　「〜って何ですか」
　　　「すみません。ちょっと（教室を）出てもいいですか」
　　　「あした、クラスを休みます」　など

［ひらがな］

＊ひらがなは表音文字であるから、表記を教えるとともに、音声や拍の感覚
　も指導できる。海外では、特に欧米系の学習者に、ローマ字を使って日本
　語を教えることもあるが、初めからひらがなを指導したほうがよい。
＊ひらがなの導入は、清音から始め、濁音や促音、長音、拗音など、より複
　雑なものへと順を追って少しずつ広げていく。また、必ず、意味のある語

句（なるべく日常よく使われるもの）を提示し、興味を持たせながら指導することも大切である（例：「あ行」から「さ行」まで教えたら、「あおい」「えき」「かさ」「すし」などを提示し、練習する）。

［数字・時間・月日・曜日］

＊数字は、毎日の生活の中で、すぐ必要になるものであるが、数え方が複数あるもの（4…し／よ／よん、7…なな／しち、9…く／きゅう）は、必ず具体的に例を出して教えること（例：4月、4時、4階）。

＊数字と並行して、時間や月日の言い方も導入する。これらはすぐには覚えられないので、毎日のクラスの中で曜日や時刻を聞いたり、学習者の誕生日をカレンダーに書き込んでおいて、その月の誕生日の人に「おめでとう」と言ったりするなど、繰り返し触れることで自然に身に付けさせたい。

クラスの初日は "アイス ブレイキング"

　"アイスブレイキング" って何？と首をかしげた人、いますか。"アイス" は氷、"ブレイキング" はこわすこと。じゃあ、日本語のクラスでかき氷でも食べるとか？——いえいえ、これは初日の緊張した雰囲気のクラスで、コチコチになっている学習者を、文字どおりリラックスさせるための活動です。

　例えば、教師が投げたボールを受け取った人は、自分の名前を名乗り、それをまたほかの人に投げます。ボールを受け取った人は、まず投げた人の名前を言って、次に自分が名乗り、またボールを別の人に投げる、というようにしてみましょう。こうすると、ただ端から順に名前を言っていくより、ずっと楽しくできます。

　語学のクラスでは、できるだけ体も使って、楽しく身に付けられるような工夫が必要です。皆さんもゲーム感覚で楽しく練習できる方法を考えてみてください。

第1課

名詞文

 文型

1.　　鈴木さんは先生です。
2-1．リンさんですか。
2-2．はい、リンさんです。／いいえ、リンさんじゃありません。
2-3．だれですか。——キムさんです。
3.　　中国のリンさんです。東西大学の学生です。

文法知識の整理

　「〜は〜です」という文型は、どのテキストでもたいてい最初に出てくる。だからいちばん簡単なように思われるが、実はなかなかやっかいな文型である。例えば、「私は田中です」「あの建物は銀行です」のような文の場合にはA(「は」の前の語)＝B(「は」の後の語)という関係が成り立つ。しかし、次のような文の場合はどうだろう。「父は会社です」（父は会社に行っていて、今いないという意味）、「納豆はきらいだ」(「私は納豆はきらいだ」の「私は」が省略されている)。このほかにも、A＝Bという関係にならない「〜は〜です」の文があるので、教えるときに、いろいろなものを交ぜて出さないように注意する。初級の導入部では、A＝Bの関係になる「〜は〜です」に限定し、人物に関する言い方から教える。また、過去形「〜でした」や、普通体「〜だ」にも触れない。

 教え方の例

[1]「(人物) は〜です」の導入

　いろいろな人物の絵カード（巻末教材１　P.212参照）、写真、世界地図など
を用意し、それを見せながら、名前、職業、国籍の語彙を導入し、続けて文
の形を教える。新しい語彙や文を導入するとき、教師は３回ぐらいはっきり
発音し、学習者にリピートさせる。はじめはクラス全員で、次に１人ずつに
リピートさせる。

T（教師）：＜鈴木さんの絵カードを見せながら＞**鈴木さんです。**

L（学習者）：＜リピート＞**鈴木さんです。**

T：＜同様にほかの人物の名前を導入し、リピートさせる。続けて、鈴木さんが教えて
いる場面を指しながら＞**鈴木さんは先生です。**

L：＜リピート＞**鈴木さんは先生です。**

T：＜同様にいろいろな職業名を導入し、リピートさせる。次に世界地図の日本のとこ
ろを指しながら＞**鈴木さんは日本人です。**

L：＜リピート＞**鈴木さんは日本人です。**

T：＜同様にほかの国籍も導入し、リピートさせる＞

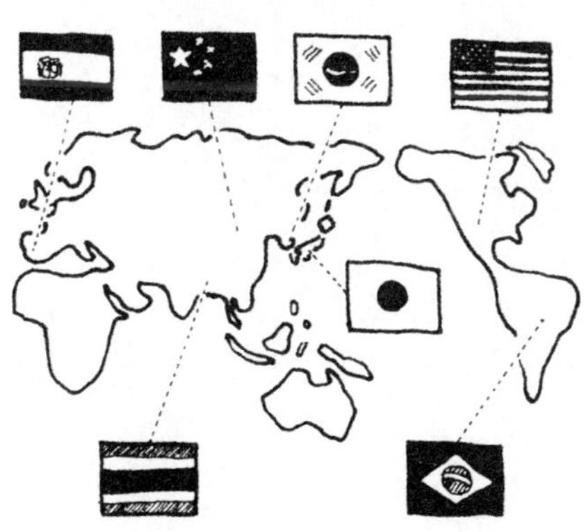

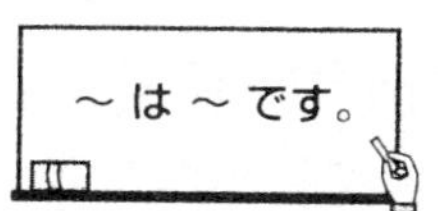

　名前、職業、国籍がうまく言えるようになったら、教師は**絵カード**などを見せるだけで、学習者にどんどん言わせていく。また、**クラスの学習者の名前や国籍についても紹介するとよい。**

注1．学習者にリピートさせたいときは、手の平を上に向けて学習者のほうに差し出し、どうぞというように手の平を動かして発話を促す。また1人ずつ言わせるときは、名前を呼んで同じように手で示す。
注2．職業名は、上記のほかにクラスの学習者の職業名やほかの職業名を出してもいいが、一度にたくさん出すと覚えきれないので、様子を見ながら出す。

［2］「〜ですか」と「だれ／どなた」の導入

　［1］でいろいろな人物についてわかったところで、質問と答えの形、疑問詞「だれ／どなた」を教える。ここでも絵カードなどを使う。

T：＜鈴木さんの絵カードを見せて＞**鈴木さんですか。**＜自問自答して＞**はい、鈴木さんです。**＜リンさんの絵カードを見せて＞**リンさんですか。**＜答えるように促す＞

L：**はい、リンさんです。**

T：＜キムさんの絵カードを見せて＞**リンさんですか。**＜首を振りながら＞**いいえ、リンさんじゃありません。**＜同じキムさんの絵カードを見せて＞**タノムさんですか。**＜答えるように促す＞

L：**いいえ、タノムさんじゃありません。**

T：＜絵カードのキムさんを指して＞**だれですか。**＜答えるように促す＞

L：**キムさんです。**

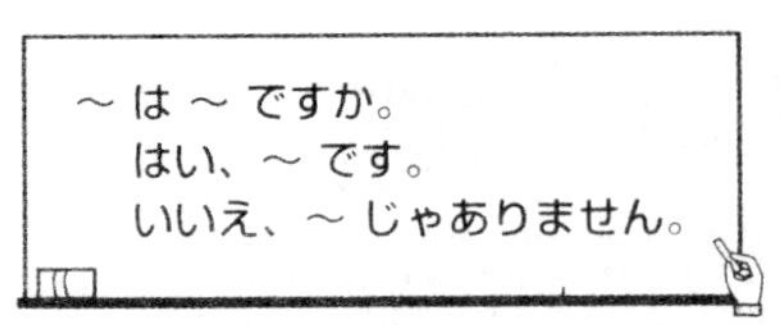

　同様にいろいろな人物の絵カードを見せて、名前、職業、国籍について質問と答えの練習をする。次に、学習者に絵カードなどを持たせて、**学習者同士で練習をさせるとよい。**

注1. 初めに教師が質問と答えのモデルを示すわけだが、このとき、質問の文に続けてすぐに**答えを言わない**ように。教師の質問に対して、学習者は必ず「そうだ」と頷いたり、「違う」と首を振ったりするので、その**反応を待ってか**ら答えを言うのがコツ。
注2. 絵カードの人物については「だれですか」と聞いてもよいが、クラスの学習者については「どなたですか」と聞くようにする。
注3. 否定の言い方として、「～じゃありません」と「～ではありません」の両方があることを教えておく。

［3］「の」(国籍と所属)の導入

「の」を使って、国籍や所属が言えることを教える。［1］で用意した世界地図や、いろいろな国籍の人物の絵カードなどを、ここでも使う。

T：＜リンさんの絵カードを見せて＞リンさんです。**中国の**リンさんです。
L：＜リピート＞リンさんです。**中国の**リンさんです。
T：リンさんは学生です。**東西大学の**学生です。
L：＜リピート＞リンさんは学生です。**東西大学の**学生です。

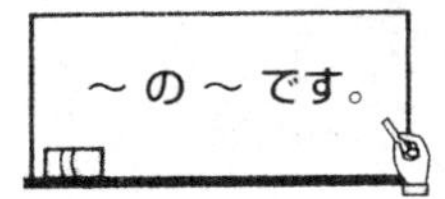

同じようにいろいろな人物について、「～の」を使って国籍や所属を言っていく。慣れたら、絵カードなどを見せて学習者にどんどん言わせていく。また、自己紹介の予備練習も兼ねて、自分の国籍、職業、所属などを言わせる。

会話　「はじめまして」

会話は、テープやビデオを使うと、**場面や状況**をつかませるのに効果的である。なければ、会話の場面を表す絵カードなどを見せながら、教師が一人二役で会話のモデルを示し、学習者にも練習させる。そのあと、学習者は2人ずつペアになって、自分自身のことを紹介しあう形で会話をする。このとき、**名刺**を持っている学習者にはそれを使わせるとよい。また少し大きめのカードを用意して、学習者に簡単な名刺を作らせ、やりとりさせてもよい。
以下はその例。下線の部分は自分と相手のことに置き換えて言わせる。

会話例

　　A：はじめまして。<u>中国</u>の<u>リン</u>です。どうぞよろしく。
　　B：はじめまして。<u>ケリー</u>です。<u>アメリカ</u>から来ました。
　　　　どうぞよろしく。
　　A：<u>ケリー</u>さんは<u>先生</u>ですか。
　　B：はい、<u>教師</u>です。<u>リン</u>さんは？
　　A：わたしは<u>学生</u>です。<u>東西大学</u>の<u>学生</u>です。

注１．実際に学習者に自由に自己紹介をさせると、いろいろなバリエーションが出
　　　てくるので、あまりこの例にこだわらなくてよい。
注２．「〜から来ました」は自己紹介の表現としてそのまま教える。
注３．「〜さんは？」の文では、文末が上がるイントネーションに注意させる。
注４．自分のことは「先生」ではなく「教師」と言うことを教える。
注５．上の例で、Ａも教師の場合は当然、「わたしも教師です」と言うべきなので、
　　　そういう場合の「も」の使い方を教える。
注６．自己紹介は何度練習してもいいので、相手を次々替えてやらせること。

「これは本でした」……じゃ、今は何？

　「これは本です」という名詞文は、日本語を習う外国人が初めて出合う文かもしれません。この「名詞文」の活用はというと、「これは本じゃありません」「これは本でした」「これは本じゃありませんでした」となりますね。でも、ちょっと待ってください。「これは本でした」と言うとき、今、手にしているものは何でしょうか。ぼろぼろになって原型をとどめていない古本でしょうか。それとも、本を1ページずつばらしてしまった紙の束でしょうか。この例でもわかるように、文の意味を考えず、活用だけを考えて機械的に過去形にすると、おかしな文ができてしまいます。

　ですから、名詞文の過去形を教えるときには、過去形にしても不自然でないものを考えなくてはいけません。例えば、曜日や天気を話題にして、「きのうは雨でした」「おとといも、いい天気じゃありませんでした」、職業の話として、「田中さんは先生でした」などは大丈夫ですね。

こ・そ・あ・ど

 文型

1-1. <u>これ</u>は時計です。

1-2. <u>それ</u>はペンです。

1-3. <u>あれ</u>はABCビルです。

2. <u>何</u>ですか。

3. これはわたし<u>の</u>かばんです。これはわたし<u>の</u>です。

4. リンさんのペンは<u>どれ</u>ですか。

5. <u>この</u>／<u>その</u>／<u>あの</u>人はケネディです。

6. <u>どの</u>人ですか。

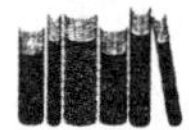 文法知識の整理

　下の表は「こそあど」の中でも特によく使われるものである。この課で導入するのは「もの」と「名詞修飾」である。「こそあ」には、その場に見えている場合（**現場指示**）と話の中に出てくる「昨日来たあの人」などのような場合（**文脈指示**）とがあるが、入門の段階で教えるのは前者だけにする。

　「こそあ」には、図1の「これ」と「それ」のように「話し手」と「聞き手」の領域が**対立する**場合と、図2、図3、図4のように、「話し手」と「聞き手」がその領域を**共有する**場合とがある。混乱しないように整理して提示することが大切である（図1〜図4は、巻末教材2　P.213参照）。

	もの	名詞修飾	場所	方向	様態	方法
こ	これ	この	ここ	こちら	こんな	こう
そ	それ	その	そこ	そちら	そんな	そう
あ	あれ	あの	あそこ	あちら	あんな	ああ
ど	どれ	どの	どこ	どちら	どんな	どう

 教え方の例

　「これ・それ・あれ」を教える前に、まず必要なものの名を導入しておく。時計、ペン、鉛筆、たばこ、鍵（かぎ）、本、雑誌、新聞、かばん、チョコレートなど**身近なものを用意し**て、すらすらと言えるようになるまで十分に言わせる。時計は、掛け時計も腕時計も時計ということをわからせるために、両方用意する。次に導入する「これ・それ・あれ」の意味と用法に注意を集中させるためには、**使うものの名はよく覚えている**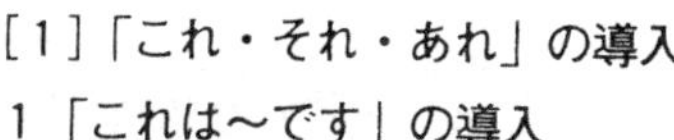ことが**大切**であるから、丁寧に導入する。

[1]「これ・それ・あれ」の導入
1「これは〜です」の導入

T：＜時計を手に持って見せながら繰り返し言う＞**これ、時計です。これは時計です。**＜次に学習者の近くへ行って、学習者に自分の時計を指して言うように促して＞**これは……**

L：これは時計です。

T：＜一人ひとり言わせる。次に、ものを替えて、同じように身近なものを指して繰り返し練習させる＞**これは……**＜図2を見せる＞

図1

図2

図3

図4

2. 「それは〜です」(「話し手」と「聞き手」の領域が対立する場合)の導入

　T：＜自分の鉛筆を持って、鉛筆を少し振りながら＞これは**鉛筆**です。＜学習者の
　　　ペンを指して＞それ、**それはペン**です。
　　　＜ものを替え、同様に指しながら繰り返し聞かせる＞これは**本**です。それは
　　　雑誌です。＜学習者にも自分のものを指して言わせる＞
　L：これはペンです。
　T：＜教師の持っている鉛筆に注目させて言わせる＞
　L：それは**鉛筆**です。
　T：＜学習者のそばに行き、学習者自身のものを指して言うように促す＞
　L：これは……**本**です。
　T：＜次に、となりの学習者のものを指して、言うように促す＞
　L：それは……ノートです。

　次に、学習者にそれぞれものを持たせて、**学習者同士でものを指して練習**させる。前に挙げた実物の中から学習者の机の上に、**前もって必要なものを**置いておき、利用するとよい。大体わかったという様子が見えたら、「これ」「それ」の領域の対立を示す**図1**を見せて確認する。

3. 「あれ」の導入

　「これ」「それ」の使い分けができるようになったら「あれ」の導入をする。窓から見えるものを指して、「あれはＡＢＣビルです」などと言って、「あれ」の使い方を理解させる。初めは室内にあるものより、**窓から見えるもので、皆が共通に知っているもの**、市役所・病院などの公共の建物、山、などを利用して練習するとよい。次に、室内の掛け時計を指して練習する。大体理解したところで、**図4**を見せて確認し、整理して板書する。初めは、「これ／それ／あれ」に集中させるため、「も」は出さない。

注　余裕のあるクラスでは、図3を見せて、領域を共有する「それ」もあることを
　　理解させる。

[2]「何ですか」の導入

　一見たばこに見えるチョコレートを用意する。

Ｔ：＜たばこに見えるチョコレートを持って＞これは？

Ｌ：それはたばこです。

Ｔ：＜首や手を横に振り、否定しながら＞いいえ、たばこじゃありません。

Ｌ：？？

Ｔ：＜学習者の知りたいという気持ちを捉えて、タイミングよく＞何ですか。
　　　＜学習者に繰り返すように促す＞

Ｌ：何ですか。

Ｔ：＜わかるように見せて＞これはチョコレートです。

「何ですか」などの言葉を練習させる際には、自然に何？と聞きたくなるように工夫をする。一見しただけでは何かわからないようなもの、例えば、声で時刻を告げるピラミッド型の時計、

お菓子に見える消しゴムなどを用意する。または、イラストマップを前にして見せながら「これは何ですか」「学校です」とＱ＆Ａするのもよい。

［3］所有の「の」の導入

Ｔ：＜自分のかばんを指して＞これはかばんです。＜自分の胸を指して＞わたし。
　　これはわたしのかばんです。
　　　＜学習者Ｂのかばんを指して＞それはＢさんのかばんです。＜人やものを
　　替えて、学習者の反応を見ながら繰り返す。次に、学習者Ａの本を手に取ってＡに
　　聞く＞これはＡさんの本ですか。

Ａ：はい、わたしの本です。

Ｔ：＜学習者Ｂの本を手に取ってＣに聞く＞これはＣさんの本ですか。

Ｃ：いいえ、わたしの本じゃありません。Ｂさんの本です。

Ｔ：＜ものや人を替えて、Ｑ＆Ａの練習をさせる＞

次に「わたしの〜です」の「の」の後の名詞が省略された形「わたしのです」を導入し、練習する。

［4］「どれ」の導入

　　T：＜4、5人の学習者のペンを集めて、学習者Aの側に行き＞Ａさん、Ａさんの
　　　　ペンはこれですか。これですか。＜「これ」のときは1本ずつ指で指し、
　　　　「どれ」のときは全体を輪を描くように指しながら＞どれですか。
　　A：それです。
　　T：ああ、これですか。じゃ、Ｂさん、Ｂさんのペンはどれですか。

　そのあと、同様にほかの学習者に対しても続ける。次に、いろいろなもの
を使って学習者同士でも練習させる。

注. 実際に近い練習としては、玄関で傘や靴を探す場面などが考えられる。

［5］「この／その／あの」の導入
　ケネディなど世界的な有名人と、その国の人にしか知られていない政治家
やスターの写真や似顔絵を用意する。

　　T：＜ケネディ元大統領の写真を見せて＞この人はだれですか。
　　L：＜口々に＞ケネディ。プレジデント・ケネディ。
　　T：そうです。この人はケネディ（さん）です。＜学習者の側からとわかるよ
　　　　うに、手を動かしてリピートを促す＞＊の人はケネディです。＜＊のところ
　　　　は無言で間だけ取る＞
　　L：その人はケネディです。
　　T：じゃ、＜ほかの世界的な有名人の写真を見せて＞この人はだれですか。＜と
　　　　続けて練習する＞
　　L：その人は○○です。
　　T：＜自分から遠い学習者を指して、近くの人に＞じゃ、あの方はどなたですか。
　　L：あの方はＡさんです。
　　T：＜次に学習者に、その学習者の国で有名な人の写真を1枚ずつ配り、それぞれ写真
　　　　の人について互いに聞きあわせる＞
　　A：＜相手の学習者の持っている写真を指して＞その人はだれですか。
　　B：この人は△△です。

　「この／その／あの」を「これ／それ／あれ」と並べて、整理して板書す

る。「この／その／あの」の後には必ず名詞が付くことを板書で示す。

[6]「どの」の導入

　[5]で使用した有名人の写真をそのまま使用する。黒板に数枚の写真を
マグネットを使って貼っておくか立て掛けておき、教師は学習者の側に行く。

　　T：＜わざと、どの写真を指しているかわからないように＞あの人はだれですか。
　　L：？？
　　T：＜学習者の、どの人かわからないという気持ちを捉えて、今度は1枚ずつ指さしな
　　　　がら＞あの人ですか。あの人ですか。＜全体を大きく輪を描くように指し
　　　　て＞どの人ですか。＜繰り返すように促す＞
　　L：どの人ですか。
　　T：＜今度は黒板のそばに行って、はっきり指し示して＞この人はだれですか。
　　L：その人は○○です。

タスク例　　「落としもの返しごっこ」

　互いの持ちものを集めたあと、「こ・そ・あ・ど」を使ってQ＆Aをしな
がら持ち主に返すタスク。学習者を5人ぐらいのグループに分け、互いに数
本のペン・鉛筆・鍵・時計などを集めて袋に入れる。学習者同士、互いに聞
いて持ち主に返す。**席を離れ歩き回って自由に聞かせるとよい。**返す係の人
にはだれの持ちものかわからないように集めておくと、実際の場面に近い生
きた練習になる。談話の例を黒板に書くなどして、事前に練習させておく。
談話例

　　　　　　　　A：すみません。これはBさんのペンですか。

　B：はい、そうです。　　　　B：いいえ、わたしのペンじゃありません。
　　　わたしのです。　　　　　A：じゃ、Bさんのはこれですか。
　　　どうも、ありがとう。　　B：いいえ、それじゃありません。
　　　　　　　　　　　　　　　A：じゃ、どれですか。
　　　　　　　　　　　　　　　B：えーと、これです。このペンです。
　　　　　　　　　　　　　　　　　わたしのペンはこれです。

第3課
動詞文 その1

 文型

1.　　木村さんは7時<u>に</u>起き<u>ます</u>。

2-1.　木村さんは9時<u>から</u>4時<u>まで</u>働き<u>ます</u>。

2-2.　12時から1時まで働き<u>ません</u>。

3.　　きのう勉強し<u>ました</u>。／勉強し<u>ませんでした</u>。

4.　　時を表す言葉

文法知識の整理

　動詞は文の述語になり、主に事物の動作や作用を表す。動詞には「何を」に相当する語（目的語）を伴うものと伴わないものがあり、前者を**他動詞**、後者を**自動詞**と呼ぶ（4課・20課参照）。

　初級では、日常の基本的な動作を表す動詞のうち、「起きる、寝る、働く」などの目的語を伴わずに使えるものから教えることが多い。それらを「起きます、寝ます」のような、語形変化の簡単な「**ます形**」と呼ばれる形から導入する（「ます形」の活用は下記のとおり）。

	肯定	否定
現在／未来	～ます	～ません
過去	～ました	～ませんでした

時の言葉は、助詞「に」を伴うものと伴わないものがある。

　　「に」を伴うもの ……………… 9時、10日、6月、2001年 など

　　「に」を伴わないもの ……… 先週、今月、来年、きょう、毎日 など

　　どちらでもいいもの ……… 昼、晩、火曜日 など

 教え方の例

[1]「～時に～ます」の導入

　文型に入る前に絵カードを使って、基本動作を表す動詞を導入する。このとき、動詞の数を限って練習する。ここでは「起きます、寝ます、働きます、休みます、勉強します」の５つを取り上げる。

学習者が絵カードを見て、動詞が言えるようになったら、人物の絵カードを示し、名前、職業などを既習の語彙を使って確認の意味で言わせる。時を表す言葉は、時計、または板書などで示す。

T：＜木村さんの絵カードを見せて＞木村さんは、＜時計で７時を示し＞７時に、＜「起きる」の絵カードを示し＞起きます。＜再度はっきり発音する＞木村さんは７時に起きます。☝＜板書で助詞「に」に注目させる＞

L：＜リピート＞木村さんは７時に起きます。

T：＜教師は自分自身について述べる＞わたしは６時に起きます。＜学習者Ａに向かって＞Ａさんは？

A：わたしは８時に起きます。

T：ああ、そうですか。Ａさんは８時に起きます。

L：＜リピート＞Ａさんは８時に起きます。

　何人かに聞いて練習したあと、同様に「寝る」でも練習する。

注．このように、日本語の動詞は人称が変わっても語形変化がないことを、自然に印象づける。

［2］「～時から～時まで」と「～ません」の導入

　黒板に「9：00－12：00」と書いたり、時計を使ったりして、「9時から12時まで」のような言い方を教え、次々に時間を替えて練習する。

　　T：＜木村さんの絵カードを示して＞
　　　　木村さんは9時から12時まで働きます。
　　L：＜リピート＞木村さんは9時から12時まで働きます。
　　T：それから、＜と言いながら、「1：00－4：00」と板書したり時計を使ったりして＞1時から4時まで働きます。
　　L：＜リピート＞1時から4時まで働きます。
　　T：12時から1時まで＜左右に首を振り＞働きません。働きません。
　　L：＜リピート＞働きません。12時から1時まで働きません。
　　T：12時から1時まで休みます。
　　L：＜リピート＞12時から1時まで休みます。

注1．「それから」というような言葉は、特に説明せずに、教師が自然に使うのを聞かせる。
注2．「～ません」の否定の形も、動詞の語形変化として機械的に教えるのではなく、意味のある会話のやりとりの中で教える。提示したあとに、「～ます」「～ません」と板書して形を印象づける。

　黒板に図のようなスケジュールを大きく書く。木村さんの一日について学習者といっしょに「木村さんは7時に起きます」などと言いながら、数直線に時間を書き込んでいく。そのあと、教師が「木村さんは何時に寝ますか」
「何時から何時まで働きますか」などの質問を出して、学習者に答えさせる
という練習をする。「何時」をわからせるために、時刻を示す数字の上に
「？」マークを置いてＱ＆Ａを行うとよい。

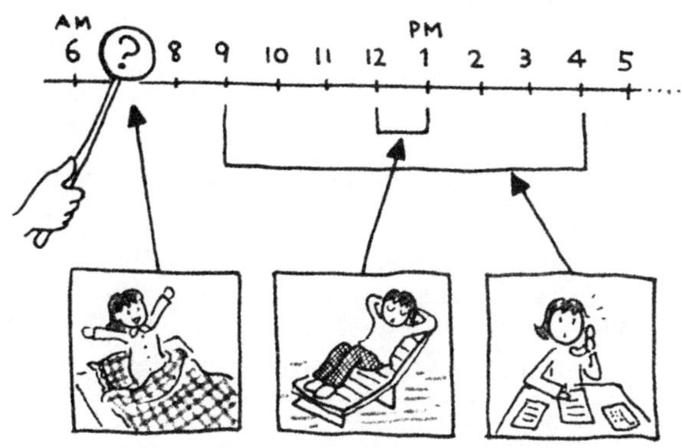

[３]「～ました／～ませんでした」の導入

　カレンダーを使って曜日や「きのう、きょう、あした」などの語彙を復習
したあと、動詞の絵カードと組み合わせて過去のことがらについて話す練習
をする。そして、板書で「～ました／～ませんでした」と示し、文型を印象
づける。時刻の場合と異なり、助詞に「に」がつかないものがあることを
「×」マークを使ってはっきり区別する。そのあとで質問に移る。

　Ｔ：＜カレンダーの昨日の日付を指してＡに向かって＞Ａさん、きのう勉強しま
　　　したか。
　Ａ：はい、勉強しました。
　Ｔ：ああ、そうですか。＜Ｂに向かって＞Ｂさんも勉強しましたか。
　Ｂ：いいえ、勉強しませんでした。

きのう ～ ました。
　　　 ～ ませんでした。

教師とほかの何人かの学習者との練習が済んだら、**学習者同士のペアワーク**に発展させる。

注．Aが「はい、わたしはきのう勉強しました」と答えたら、「はい、勉強しました」と短く答えたほうが自然であることを教える。

[4] 時を表す言葉

時を表す言葉をチャート化し、それらの言葉と「〜ます／〜ました」の関係を考えさせる。

きのう		きょう		あした
きのうのあさ　ゆうべ		けさ　こんばん		あしたのあさ
〜ました／〜ませんでした			〜ます／〜ません	

さらに「先週、今週、来週」、また「先週の火曜日」「来週の土曜日」のように組み合わせた形でも練習し、助詞「に」がつくかつかないかにも注意させる。

注．「あした5時に起きます」のように、「〜ます」の形で未来についても言えることを教える。

タスク例　「何時に起きますか」

起きる、寝る、勉強するなどの既習の動詞を使って、「何時に〜ますか」と聞いて、用紙に書き込むタスク（巻末教材3 P.214参照）。

タスクシートはあらかじめ教師が用意し、各学習者に1枚ずつ配る。まず教師が学習者の一人とやりとりをし、例を示したのち、学習者間に発展させる。

	ケリーさん	ロペスさん	さん
なんじに	7 AM	6:30 AM	
なんじに	11 PM	10 PM	
にちようびに	×	○	
きのう	○	○	

会話例

　　Ｔ：ちょっと、すみません。Ａさんは毎朝、何時に起きますか。
　　Ａ：７時に起きます。
　　Ｔ：ああ、そうですか。じゃ、何時に寝ますか。
　　Ａ：11時に寝ます。
　　Ｔ：あ、11時ですね。＜このあと、タスクシートをもとにいくつか質問をする＞
　　　　ありがとうございました。

　同じように、学習者がお互いにインタビューを続け、シートに書き込む。
　このインタビューでは、質問だけを練習させるのではなく、人にものを尋
ねるときに使うちょっとした表現も学ばせる。インタビューに入る前の言葉
のかけ方の「ちょっとすみません」、終わりのあいさつの「ありがとうござ
いました」、インタビューの間のあいづちや確認の「あ、〜ですね」など、
いくつか教え、なるべく自然な会話になるように指導する。

注１．巻末のタスクシートの空欄には、各学習者が自分で考えた質問を書き込む。
注２．「７時ごろ」のように「ころ」を教えてもよい。

第4課
動詞文 その2

 文型

1．パンを食べます。
2．何を飲みますか。
3．会社で昼ごはんを食べます。
4．どこで新聞を読みますか。

 文法知識の整理

　動詞の中でも、「(ごはんを)食べます」「(漢字を)覚えます」などのように、目的語を伴い「～を～ます」の形になるものを**他動詞**、「起きます」「働きます」など、目的語を伴わず「～が～ます」の形になるものを**自動詞**という。他動詞・自動詞の別を問わず、**場所を表す助詞**は動詞によって次のように異なる。

　　存在の場所……………………　～にある／いる
　　方向や移動などの場所…　～へ行く、～に入る、～を通る、
　　　　　　　　　　　　　　　　　　～から～まで歩く
　　動作の行われる場所……　～で働く／食べる

 教え方の例

[1]「～を～ます」の導入

　新しい文型に入る前に、ウォーミングアップと復習を兼ねて、**既習の動詞**を使ったQ＆A(「きのう何時に寝ましたか」など)をする。そのあと、絵カードやしぐさで、目的語となる名詞と動詞を導入してから、以下のように文

38

型を提示する。初めは「**食べます、飲みます、見ます、聞きます、読みます、書きます、します**」などの動詞を取り上げるとよい。

T：＜名詞のカードを示し＞**何ですか。**
L：パンです。
T：そうですね。パンを＜名詞のカードに動詞のカードを組み合わせて＞**食べます。パンを食べます。**
L：＜リピート＞**パンを食べます。**＜2、3回繰り返す＞
T：＜「パンを食べます」と言いながら、文型を「〜をたべます」と板書したあと、名詞を替えて次々に文を言わせる＞

　同様にほかの動詞についても練習する。そのあと、既習の項目（時を表す言葉、「〜も」など）とも組み合わせて、「〜ます／ません／ました／ませんでした」の形がスムーズに言えるように練習、Q＆Aをする。

注1．学習者の負担を軽くするため、名詞はなるべく学習者の**身近にあるもの、知っているもの**を使う。名詞のカードは小ぶりのものが扱いやすい。絵カードの量が多くなるので、**手際よく扱えるよう整理・準備する。**
注2．「ビールとワイン」のように、「〔名詞〕と〔名詞〕」の言い方も教える。「ビールかワイン」のような「〔名詞〕か〔名詞〕」の言い方を教えてもよい。

注3. 助詞を強調するあまり不自然な発音にならないよう注意する。
注4. 「寿司を食べますか」に対して「いいえ、寿司を食べません」と答えるのは
　　　不自然なので、「いいえ、食べません」のように短く答えるよう指導する。
　　　余裕のあるクラスでは、「寿司は食べません」の形を教える。

[2]「何を」の導入

　食べものや飲みものの話題で質問をして「いいえ」の答えが出るのを待ち、
「何を」を教える。「？」マークを利用するとよい。

　Ｔ：わたしは朝、コーヒーを飲みます。Ａさんは？
　Ａ：わたしも飲みます。
　Ｔ：そうですか。Ｂさんも朝、コーヒーを飲みますか。
　Ｂ：いいえ、飲みません。
　Ｔ：そうですか。じゃ、＜板書した「〜をのみます」の「〜」の部分に「？」と大
　　　きく書くか、「？」マークを置いて＞何を飲みますか。
　Ｂ：……
　Ｔ：＜答えが出なければ絵カードを見せ＞紅茶を飲みますか。ジュースを飲
　　　みますか。＜もう一度「？」に注目させて＞何を飲みますか。
　Ｂ：紅茶を飲みます。

　同様に、ほかの動詞でも練習する。学習者に絵カードを持たせて、学習者
同士でＱ＆Ａをさせてもよい。

[3]「(場所)で」の導入

　まず絵カードで、レストラン、学校、会社、うちなど、場所を表す語彙を

導入しておく。次に人物の絵カードを見せて、その人について**職業**などを言わせたあと、動詞、名詞の絵カードとの組み合わせで文を言わせる。

T：＜絵カードの人物を指して＞キムさんは、＜場所の絵を示し＞**会社**で、＜動詞の絵を示し＞**昼ごはんを食べます**。キムさんは会社で昼ごはんを食べます。

L：＜リピート＞キムさんは会社で昼ごはんを食べます。

T：＜「〜で〜をたべます」と板書し、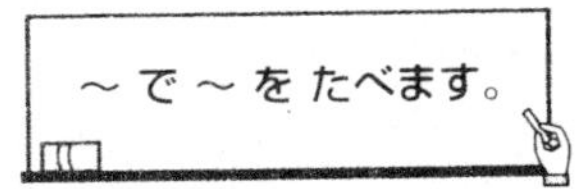　人物や場所を替えて練習したあと＞、わたしはレストランで昼ごはんを食べます。Aさんは？＜学習者に自分のことを話させる＞

A：わたしは学校で昼ごはんを食べます。

T：そうですか。Bさんは？

B：わたしはうちで昼ごはんを食べます。

同様に、ほかの動詞でも練習する。

注．このころには、絵カードを提示した時点で学習者のほうから進んで発話してくることが多いので、**学習者のほうに視線を向けて待つ**ことも必要。教師はそれを受けてもう一度はっきり発話し、モデルを示す。

［4］「どこで〜」の導入

［2］と同様に「？」マークを使って導入する。

T：わたしは**毎朝うちで新聞**を読みます。Aさんも毎朝、新聞を読みますか。

A：はい、読みます。

T：＜「？」を使って＞どこで新聞を読みますか。うちで読みますか……

A：わたしは会社で新聞を読みます。

T：そうですか。＜同様に何人かに聞く＞

このようにして、ほかの動詞でも練習する。教師→学習者でモデルを示したあと、「〜さんに聞いてください」と指示し、**学習者に次々と質問させる**。

タスク例　「日曜日に何をしますか」

　休日の過ごし方について、タスクシートを使って聞き合う、インタビュー活動（巻末教材4　P.215参照）。他動詞が使えるようになると、食事、スポーツなど、さまざまなトピックでのインタビュー活動ができる。ここでは、休日の過ごし方を聞く。

　まず、教師が学習者にいろいろな質問をすることで例を示し、次に学習者同士のペアワークに発展させる。そのあと、聞いたことを「〜さんは日曜日に〜を〜ます。それから、〜を〜ます」の形で発表させる。

会話例

　　Ａ：Ｂさんは日曜日に何をします
　　　　か。
　　Ｂ：掃除と洗濯をします。
　　Ａ：そうですか。それから、何を
　　　　しますか。
　　Ｂ：スーパーで買いものをします。
　　Ａ：日本語の勉強もしますか。
　　Ｂ：いいえ、勉強はしません。
　　　　　　　　　　　　　　：
　　Ａ：そうですか。ほかに何をしま
　　　　すか。
　　Ｂ：そうですね。寝ます。
　　Ａ：そうですか。どうもありがと
　　　　う。

注１．タスクシートに未習の語彙があれば、あらかじめ導入しておく。タスクシートの空欄には、各学習者が自分で考えた質問を書き込む。
注２．質問を絵で示したり、答えを「〇、×」などの記号で記入させたりすることにより、タスクシートの読みや記入に時間をかけずにすむよう工夫する。これは、文字に頼らない、口頭での練習を促進することにもなる。

バスで？　バスに？　バスを？

　助詞の「で」は、初級前半では、場所を表すほかに次のような使い方を学習します。

- ・道具　　　　　……はし<u>で</u>食べます。ボールペン<u>で</u>書きます。
- ・手段・方法……日本語<u>で</u>話します。バス<u>で</u>行きます。
- ・材料　　　　……卵と牛乳<u>で</u>作ります。

これを全部教える？　そうです！　あなたの知っている外国語で、これらのことをどう表現するか、ちょっと考えてみましょう。日本語では一つの助詞「で」で言えることが、それぞれ違う言い方になりますね。ただし、これらの使い方を一度に全部教えるということではありません。一度に全部教えると混乱しますから、新しい言い方が出てきたときは、前に学習したことも思い出させるようにして注意を喚起しましょう。

　助詞は、学習者が難しいと感じる項目の一つです。学習者はわからなくなると、「バスで？　バスに？　バスを？」と、あらゆる助詞を動員して教師の顔色をうかがってきます。必ず動詞といっしょに覚えてもらいましょう。

動詞文 その3

 文型

1. 毎日、会社へ行きます。
2. 電車で学校へ来ます。
3. いつ日本へ来ましたか。
4. デパートへくつを買いに行きました。
5. 映画を見に行きませんか。——いいですね。行きましょう。

 文法知識の整理

　「行く」「来る」「帰る」などを**移動動詞**という。このうち「行く」は、ある場所を離れて目的地へ移動するという意味を持っている（例：「毎朝、会社へ行って、夜、うちへ帰ります」）。また、「行く」は人や事物が話し手のいる位置から遠ざかっていく動作であり、「来る」は逆に、話し手のいるほうへ近づく動作である。今、ある人がAからBに移動する場合、Aに話し手の視点を置くと「Bへ行く」となり、Bに話し手の視点を置くと「Bへ来る」となる。

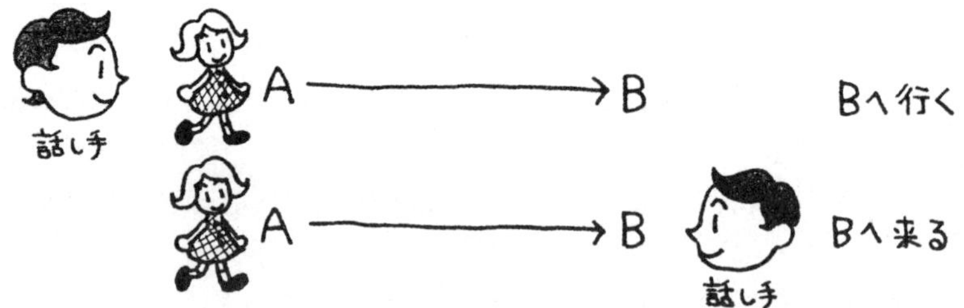

　また移動動詞や「出る」「入る」「おりる」などの動詞に、「いく」「くる」が接続されると、同じように話し手の視点が関係してくる（例：「彼は部屋を

出ていきました」は、話し手が部屋の中にいるのに対し、「彼は部屋を出てきました」は話し手が部屋の外にいる)。

　移動動詞に伴う助詞には、**目的地を表す「へ／に」**と、移動動作の行われる**場所を表す「を」**があるが(例：「橋を渡る」)、初級ではまず「へ／に」を伴う形を教える。また、「カメラを買いに行きました」のように、動詞の「ます形」の「ます」をとった形が、「に」を伴って移動動詞の前に接続されると、移動の目的を表すことになる。

 教え方の例

[1]「～へ～ます」の導入
　人物の絵カードといろいろな場所を表す絵カードを用意する。

T：＜会社員キムさんの絵カードを見せて＞**キムさんは会社員です。キムさんは、毎日、会社へ行きます。**
L：＜リピート＞**キムさんは、毎日、会社へ行きます。**
T：**土曜日と日曜日は……**＜学習者の発話を促して＞
L：**土曜日と日曜日は会社へ行きません。**
T：**そうですね。キムさんは、今度の土曜日に**＜京都の絵カードを見せて＞**京都へ行きます。**
L：＜リピート＞**キムさんは今度の土曜日に京都へ行きます。**

　同様にいろいろな場所を表す絵カードを見せながら、人物、曜日などを替えて練習する。このとき、**カレンダー**を使って、**過去のことについても**Q＆Aをする(「リーさんは日曜日にどこへ行きましたか」など)。

注1．ここでは便宜上、助詞「へ」を使った導入例を示すが、使用するテキストによっては「に」で導入することもある。学習者から質問が出た場合は、どちらでもよいことを教える。
注2．ここで、「友達と」のように、一緒に行動する人を表す「～と」を導入するとよい。

［2］「(交通手段)で」の導入

　初めにいろいろな交通手段を表す絵カードを見せて、語彙の導入をする。文型導入に入る前に、「行きます」「来ます」の意味の違いをしっかり導入することが大切。特に、**英語圏**の学習者にとって、「行きます」と「来ます」は混乱しやすいところなので、必ず絵カードなどを見せて導入する。このとき、話し手の視点を表す、マグネットシートの「話し手視点マーク」を使うとよい。

T：＜「来ます」の絵カードを見せて＞**学校へ来ます。**
L：＜リピート＞**学校へ来ます。**
T：＜電車の絵カードと「来ます」の絵カードを横に並べて持ち＞**電車で、学校へ来ます。**
L：＜リピート＞**電車で学校へ来ます。**
T：＜学習者Aのほうを見て＞Aさんは？　Aさんは電車で学校へ来ますか。
A：はい、わたしは**電車で学校へ来ます。**

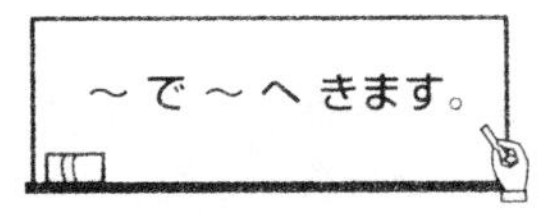

　同様に、いろいろな乗りものの絵カードを見せ、「～で来ます」を練習する。スムーズに言えるようになったら、次に「？」マークを使い、「何で学校へ来ますか」と聞く。同様に学習者同士にもQ＆Aをさせる。

注. 動詞の「て形」は未習だが、「歩いて」も表現としてここで教える。

［3］「いつ」の導入

> T：＜比較的最近来日した学習者を選んで＞Aさん、Aさんは何月に日本へ来ま
> したか。
> A：6月に日本へ来ました。
> T：そうですか。6月ですね。＜「6月」と黒板に書く＞
> では、Bさんは？
> B：去年の10月です。
> T：＜同様にほかの学習者にも聞いて、来日の時期を黒板に書く。そして「？」マークで
> 文字を隠し、学習者Cのほうを見ながら＞Cさん、Aさんは、いつ日本へ来
> ましたか。
> C：ええと……＜Cが覚えていないようなら「？」マークを外し、文字を見せて＞6
> 月です。

　同様に、ほかの学習者の来日についても「いつ」を使って聞いてから、学
習者同士にもQ＆Aをさせる。次に「いつ国へ帰りますか」と帰国の予定を
聞いてみる。このとき、帰国の日がはっきり決まっていない学習者もいると
思うので、「〜ごろです」「まだわかりません」などの表現も教える。

［4］「（目的）に」の導入
　「（場所）へ（目的）に行きます／来ます」の文型は、初級学習者が助詞の使
い方でよく混乱するところなので、必ず板書をして、丁寧に導入すること。

> T：＜デパートの絵カードを見せて＞鈴木さんはきのうデパートへ行きまし
> た。＜靴の写真か絵カードを見せて＞デパートで靴を買いました。
> L：＜リピート＞鈴木さんはきのうデパートへ行きました。デパートで
> 靴を買いました。
> T：＜黒板に「デパート」「靴」「買いました」「行きました」と1列に書いて＞
> 鈴木さんは、きのう、デパートへ靴を買いに行きました。
> ＜と、ややゆっくり言いながら、使った助詞を書き足し、「買いました」の「ました」
> の部分を線で消して「に」と書く＞。
> L：＜リピート＞鈴木さんはきのうデパートへ靴を買いに行きました。

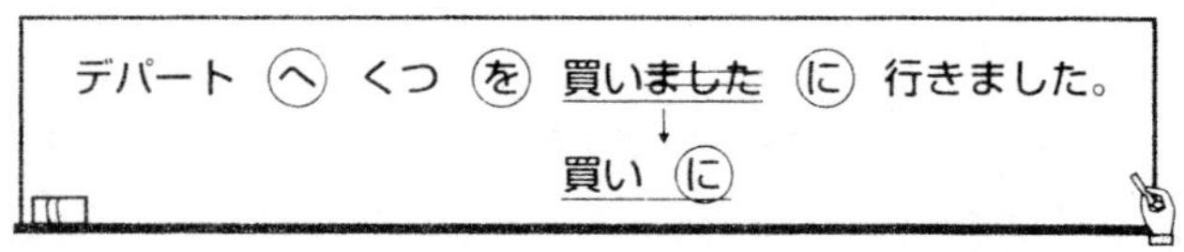

　「靴」の代わりに「シャツ」「かばん」など、ほかの語彙も出して練習させる。「～へ～を買いに行きました」がスムーズに言えるようになったら、「レストラン」の絵カードと「食べる」動作の絵カードを見せて、「レストランへ昼ごはんを食べに行きました」の文を言わせるなど、**場所や目的の動作を替えて練習する。**

注１．助詞を書くときは、印象づけるために、チョークの色を替えるとよい。
注２．助詞は混乱しやすいので、場所の言葉と目的となる動作をしぼって練習し、**文型をしっかり定着させた**ほうがよい。
注３．飲み込みの速い学習者なら、「デパートへ何をしに行きましたか」「どこへ靴を買いに行きましたか」などのQ＆Aに発展させてもよい。

［５］「～ませんか」「～ましょう」の導入
　「～ませんか」「～ましょう」は、誘うときの表現として、セットにして会話またはタスクで練習したほうがわかりやすい。以下はスケジュールを聞いて誘うというタスクとその会話例。

タスク例　　　「映画を見に行きませんか」

　ペアになってお互いのスケジュールを聞きながら、２人でいつどこへ行くかを相談するというタスク。

　１週間のスケジュールが書き込める手帳のようなシート（巻末教材５　P.216参照）を用意し、各学習者に１枚ずつ配る。まず、

9日 (月)	← 学校 →		13日 (金)	← 学校 →	
10日 (火)			14日 (土)	*買い物	← アルバイト →
11日 (水)	← 学校 →		15日 (日)		← アルバイト →
12日 (木)		*友達と会う			

それぞれの１週間の予定を書き込ませ、そのあと「～に行きませんか」「い

つがいいですか」「〜曜日はちょっと……」などの表現を使って、２人で相
談して、行く所や日時を決めさせる。予定が決まったら、各ペアごとに、い
つどこへ行くことになったか発表させる。

会話例

　　Ａ：Ｂさん、今度いっしょに映画を見に行きませんか。
　　Ｂ：いいですね。いつ行きましょうか。
　　Ａ：来週の金曜日はどうですか。
　　Ｂ：来週ですか。来週の金曜日はちょっと……。土曜日はだめですか。
　　Ａ：あ、いいですよ。じゃ、来週の土曜日に行きましょう。

「行きます」「来ます」にご注意

　「行きます」と「来ます」は、学習者が初めて出合う動詞の一つか
もしれません。私たち日本人には、とっても簡単な動詞のように思え
ますが、実は、これがなかなか面倒な問題を含んでいて、要注意なの
です。

＜注意その１＞「行きます」の語頭の "i" は、母音の無声化という
　　　　　　　現象によって弱くしか発音されないことがあるので、外国人には
　　　　　　　「来ます」との聞き分けが難しいときがあります。

＜注意その２＞「行きます」は、今いる場所からほかの場所へ "行く"
　　　　　　　のですから、学校にいるときに「バスで学校へ行きます」とか、
　　　　　　　来日中の外国人が「２年前に日本へ行ったとき、〜」というのは
　　　　　　　間違いですね。でも、とてもよく見られる誤用なので気をつけま
　　　　　　　しょう。

＜注意その３＞「先生、あした先生のうちへ来てもいいですか」と言
　　　　　　　われたら、変な感じがしますね。これは英語の "come" の使い
　　　　　　　方をそのまま日本語に訳してしまった例です。このように母語の
　　　　　　　影響で間違えてしまうことを、「母語の干渉」と言います。学習
　　　　　　　者の母語の構造や文法を知っておくことも、教師に求められる大
　　　　　　　切なことの一つです。

5

動詞文　その３

第6課

形容詞文

 文型

1. <u>大きい</u>かばんです。

2. <u>親切な</u>人です。

3. この時計は<u>高い</u>です。／<u>高くない</u>です。

4. この部屋は<u>きれい</u>です。／<u>きれいじゃありません</u>。

5. <u>どんな</u>かさですか。——<u>青い</u>かさです。

6. 日本語は<u>どう</u>ですか。——<u>むずかしい</u>です。

7. きのうは<u>暑かった</u>です。

8-1. あの店のカレーは安<u>くて</u>、おいしいです。

8-2. リンさんは親切<u>で</u>、きれいな人です。

9. 日本語はむずかしいです<u>が</u>、おもしろいです。

文法知識の整理

　学校文法の形容詞と形容動詞を日本語教育の分野では普通「い形容詞」「な形容詞」として教えている。形容詞には**叙述用法**(「このリンゴはおいしいです」)と**名詞修飾の用法**(「おいしいりんごを食べました」)がある。形容詞には性質や状態を表す**属性形容詞**(大きい、赤い、元気など)と、話し手が感じたことを表す**感情形容詞**(楽しい、悲しい、残念など)がある。感情形容詞は「×Ａさんはうれしいです→Ａさんはうれしがっています」となるように、そのままでは**相手や第三者には使えない**ことに注意する必要がある。

	現在肯定	現在否定	過去肯定	過去否定
い形容詞	大きいです	大きくないです 大きくありません	大きかったです	大きくなかったです 大きくありませんでした
な形容詞	元気です	元気じゃないです 元気じゃありません	元気でした	元気じゃなかったです 元気じゃありませんでした

 教え方の例

　「い形容詞」と「な形容詞」は混乱を招かないように区別して導入すること。例えば、板書の位置を右側は「い形容詞」、左側は「な形容詞」のように決め、**整理して提示する**とわかりやすく、学習者の記憶に残りやすい。

　形容詞の**否定形**には 2 つの形があるが、学習者が混乱しないよう初めはどちらかに**統一して提出する**。学習者の母語によっては、形容詞に過去形があることに驚くという場合もあるので、過去形も丁寧に導入する必要がある。「よい」の活用は**例外**である。「いい」はあるが、「いくない、いくなかった」の形はないことをはっきり提示する。

[1]「〔い形容詞〕＋〔名詞〕」の導入

　初めて形容詞を導入するときは、見てはっきり**特徴のわかるもの**を用意する。

T：＜大きいかばんを持って＞**かばんです。**
　　大きいかばんです。
L：＜リピート＞**大きいかばんです。**
T：＜大きいかばんから小さいかばんを取り出し＞**小さいかばんです。**
L：＜リピート＞**小さいかばんです。**
　　＜2、3 回「大きい、小さい」の練習をしたあと、大小の本を見せて＞
T：＜大きい本を指して＞**これは？**＜と確認の質問をして＞
L：**大きい本です。**＜などの答えが出てくれば、名詞修飾の用法がわかったことが確認できる＞

　次に、絵カードを使って「い形容詞」の基本的な語彙を導入する。属性形容詞のほうが容易なので、普通、こちらから提出する。「大きい・小さい」のようにものを対比させてかいた絵を使うとよい。基本的な語彙は「長い・短い、高い・低い、高い・安い、新しい・古い、重い・軽い、よい・悪い、白い・黒い・赤い・青い・黄色い」など。形容詞の定着を図るには体験をさせるとよい。例えば、電灯をつけたり消したりして「明るい・暗い」と言ったり、重いかばんを持って重そうに「重一い」、空のかばんを持って「軽一い」と言わせたりする。また、対の絵カードを使うカルタ取り、神経衰弱、ビンゴなども、たくさんの語彙が楽しく覚えられるよい方法である。

［2］「〔な形容詞〕＋〔名詞〕」の導入

　お年寄りの荷物を持ってあげている人などの絵を見せて、［1］の要領で「親切な人です」の導入をする。文型導入のあと、「な形容詞」の基本語彙「きれいな、静かな、元気な、親切な、ハンサムな」などを導入する。語彙数は「い形容詞」ほど多くない。「きれい」のように語幹の終わりが「い」であるが「な形容詞」であるものもあるので、初めは「な形容詞」は「な」を伴った形で提示したほうがよい。「きれい」は特に注意を促し、「な形容詞」であることをはっきりと指摘する。「きれい」には「美しい」と「清潔」の2つの意味があることも示す。

　「な形容詞」には、「危険、複雑、清潔」などの漢語や、「ハンサム、スピーディ、シンプル」などの外来語を取り込んで日本語として用いる方法がある。この方法を教えると、学習者は既に知っている語彙を使うことができるようになるので、言葉の世界が広がる。

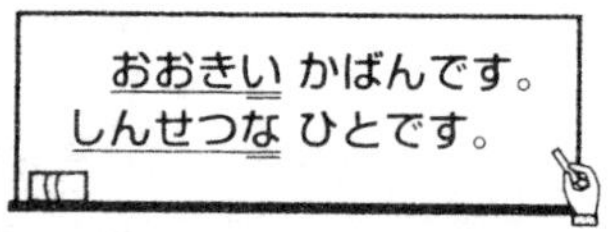

［3］「〔い形容詞〕です」の導入

　ダイヤ入りの高級時計と、安い実用的
な時計を対比させてかいた絵を見せて、
導入する。

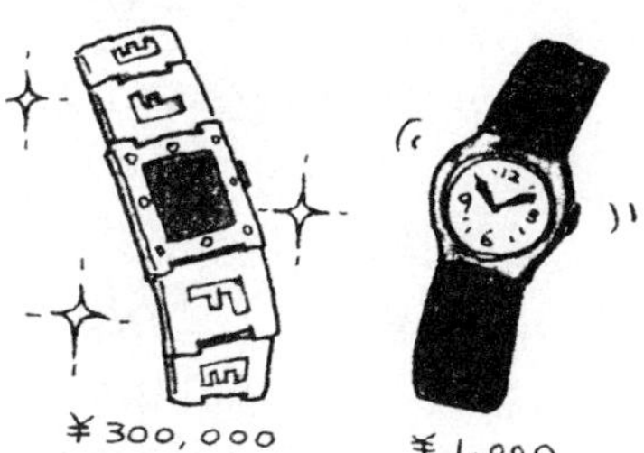

T：＜高い時計の絵を指して＞この時計は30万円です。高いです。
L：＜リピート＞高いです。
T：＜安い時計の絵を指して＞この時計は1,000円です。安いです。
L：＜リピート＞安いです。
T：＜先に導入したいろいろな形容詞で、叙述用法の練習をしたあと、別の安い値札の
　　ついた時計を見せて＞この時計は高いですか。
L：いいえ、安いです。
T：＜この答えを教師が引き取って、否定形を導入する＞そうですね。安いです。
　　高くないです。
L：＜リピート＞高くないです。

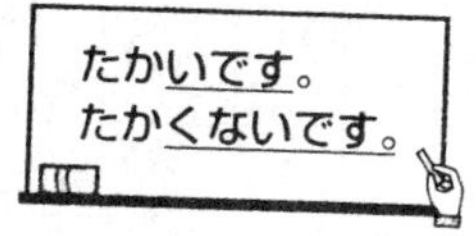

　教師は学習者の間を回り、さまざまなものを使って叙述用法の肯定と否定
を言わせ、学習者同士でも練習させる。形容詞の叙述用法に慣れたら、身近
なもので会話をさせると話が弾む。

練習例

1　A：あの店のカレーはおいしいですよ。

　　B：じゃ、あした、あの店に行きましょう。

2　A：Bさんのかばんは新しいですね。

　　B：ええ、きのう買いました。

［4］「〔な形容詞〕です」の導入

　「な形容詞」の叙述形は名詞と同じであるから導入は容易である。きれい
に片付いた部屋の絵を見せて「この部屋はきれいです」と言わせたあと、
［3］の「い形容詞の否定形」の導入と同じような方法で、汚い、散らかっ
た部屋の絵を見せて「この部屋はきれいじゃありません」を導入する。

　［1］〜［4］の導入が終わったら「い形容詞・な形容詞」の両方の形を
板書またはプリントなどで整理し、確認する。

［5］「どんな」の導入と練習

　玄関で自分のものを受け取るという設定で、カード合わせをしながら「ど
んな」を導入し、続けて練習もする。既に導入した形容詞で言える特徴をも
ったもの（大きい靴、小さい靴、黒い傘、赤い傘、青い傘、黄色い傘、長い
コート、短いコートなど）の絵カードをそれぞれ2枚ずつ用意する（巻末教
材6　P.217参照）。1枚は学習者に前もって、「これはあなたのです」といっ
て配っておく。もう1枚はマグネットシートを裏につけて黒板に散らして貼
る。

　Ｔ：Ａさんのカードは何ですか。
　Ａ：＜自分のカードを見ながら＞傘です。
　Ｔ：どれですか。
　Ａ：それです。
　Ｔ：え、どれですか。＜とわからない様子をして＞赤い傘ですか。青い傘
　　　ですか。どんな傘ですか。

Ａ：＜自分の持っているカードを見て＞**青い傘です。**

Ｔ：**ああ、青い傘ですか。これですか。**＜と黒板のカードを取って渡す＞

Ａ：**はい、そうです。どうも、ありがとう。**

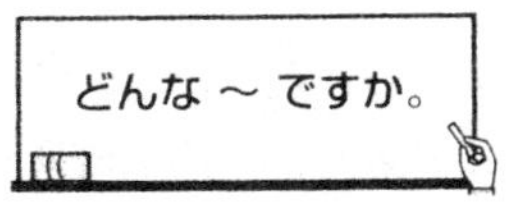

　カードがなくなるまで続ける。慣れたら上の会話のように「どんな〜ですか」の問いに対して、形容詞を使って答える練習を、学習者同士でもやらせる。

［6］「どう」の導入

　感情形容詞の「おいしい、おもしろい、楽しい、むずかしい、やさしい」などの語彙を絵カードを使って導入しておく。そのあと、教師は「Ａさん、日本語はやさしいですか。むずかしいですか。どうですか」のように聞いて「どう」を導入する。続いて、皆にそれぞれの趣味や近くの店などについて教師が質問し、既習の形容詞を使って答える練習をする。

　　質問例：○○店のカレーはどうですか。

　　　　　　○○ゲームはどうですか。おもしろいですか。

　　　　　　○○語はどうですか。むずかしいですか。

［7］「〔い形容詞〕の過去形」の導入

　形容詞の過去形は、時の言葉とともに導入するとわかりやすい。

Ｔ：**今日は暑いですね。昨日はどうでしたか。昨日も暑かったです
　　ね。暑かったです。**＜とゆっくり繰り返したあとで、い形容詞の過去形の作
　　り方を板書で説明する＞
　　おとといはどうでしたか。

Ｌ：＜口々に＞**涼しい……。涼しいかった……？**

Ｔ：＜言いかけたのを引き取って＞**涼しかったです。**

Ｌ：＜リピート＞**涼しかったです。**

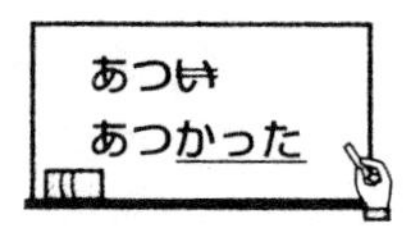

　導入した「い形容詞」の一つひとつについて、過去の肯定形と否定形の作り方を練習する。過去形が定着したら、学習者の見た映画やコンサートなどの話題を取り上げて、「○○はおもしろかったです」などと話し合いをさせると、話が発展する。

注.「な形容詞」の過去形の導入は「名詞文」の過去の形と同じであるから、容易である。「い形容詞」の場合と同様、過去の言葉とともに導入する。

［8］「〔い形容詞〕くて、～です」「〔な形容詞〕で、～です」の導入
　「あのビルは白くて、高いです」「この公園はきれいで、静かです」のように、逆接にならずに形容詞が重なる用法を教える。
　　例：あのビルは白いです。高いです。→あのビルは白くて、高いです。
　　　　この公園はきれいです。静かです。→この公園はきれいで、静かです。
このように変化させて、「い形容詞」は「～くて」の形になること、「な形容詞」は「～で」になることを教える。

［9］「〔形容詞〕ですが、〔形容詞〕です」の導入

　T：日本語はどうですか。
　L：＜口々に＞むずかしいです。……おもしろいです。……
　T：そうですね。日本語はむずかしいですが、おもしろいです。
　　　Ａ店のケーキはおいしいです。……高いですね。どうぞ。＜と板
　　書を指して、促す＞
　L：Ａ店のケーキはおいしいですが、高いです。

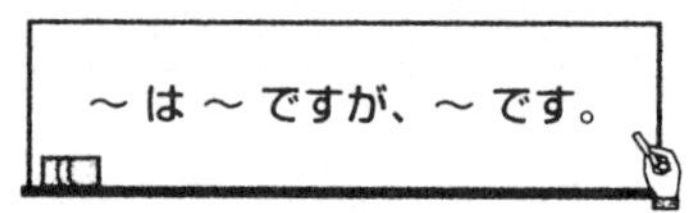

　同様に練習したあと、日本の食べもの、部屋、街、人について、または自分の国の街、食べものなどについて、既習の形容詞と［8］［9］の文型を使って、学習者が感じたことを言わせる。

注．言葉の練習のために自分の国や家族について教室で言わせるときには、プライベートなことは言いたくない人もいるので、押しつけにならないように注意する。

存在

文型

1. 公園に電話があります。
2. 机の上にテープレコーダーがあります。
3. 箱の中に何かありますか。——いいえ、何もありません。
4. 箱の中にあめがいくつありますか。——7つあります。
5. 時計はどこにありますか。

文法知識の整理

　存在を表す動詞として「いる・ある」があるが、「いる」は人や動物（自ら動くもの）に関して用い、「ある」はそれ以外のもの（自ら動かないもの）に関して用いる。存在する場所を表す言葉は助詞「に」を伴い、文型は「（場所）に（人）がいる／（物）がある」と、「（人）は（場所）にいる／（物）は（場所）にある」とがある。伝えたい情報が、存在する**人や物**である場合は、前者「〜に〜が〜」を使い、伝えたい情報が、人や物の存在する**場所**である場合は、後者「〜は〜に〜」を使う。「いる・ある」という動詞は、「弟は車があります」（所有）や「あしたパーティーがあります」（開催）や、「私は妹がいますあります」（家族関係）のように、**存在以外の用法もあるので注意する。**

教え方の例

[1]「（場所）に〜があります／います」の導入

　公園のイラストマップを用意する。施設やものの名前のうち、既習のものは確認し、未習のものは導入しておく。**文型の導入**は「ある」と「いる」に分けて行う。

T：＜公園のイラストを見せて＞**公園です。**＜電話を指して＞**電話です。電話
　　があります。公園に電話があります。**
L：＜リピート＞**公園に電話があります。**
T：＜ベンチを指し示し＞**公園にベンチが……**
L：**公園にベンチがあります。**

　　同様にいろいろなものを指し示して学習者に発話させる。次に、公園に人
や子ども、猫などの絵をマグネットシートなどで貼りつけ、「**～がいます**」
の文型を導入する。

注1．ひと通り叙述練習がすんだら、**絵の中にはないもの**を言って「**～もあります
　　　か**」「**いいえ、～はありません**」と否定の言い方も教えるとよい。
注2．名詞文の否定形からの類推で、「**ここにベンチではありません**」のような誤
　　　用が出るので注意。
注3．ここで、「**公園に～や～や～などがあります**」と、**列挙の表現**も教えるとよ
　　　い。

注４．家や部屋の様子がよくわかる新聞広告や雑誌の写真、町のイラストマップなども、この練習に利用できる。

［２］「～の〔位置詞〕に～があります／います」の導入

　初めに教える位置詞は、「上、下、中、近く、前、後ろ」くらいにしぼり、まず位置詞だけで導入する。教室内の机やいすと本などを使って、**具体的に理解させる**。

> Ｔ：＜教卓を指し、ジェスチャーで＞机の、上に、本が、あります。＜繰り返して＞机の上に本があります。＜辞書を指して＞机の上に辞書があります。＜テープを指して＞机の上に……＜学習者の発話を促す＞
> Ｌ：机の上にテープがあります。
> Ｔ：＜いすの下にかばんを置いて＞いすの下に……
> Ｌ：いすの下にかばんがあります。

　同じようにほかの位置詞についても練習する。目に見える場面での練習ができたら、**目に見えない場面**についても練習させる。**場面は学習者に合わせて選ぶ**（学生：学校や家の中、ビジネスパーソン：会社や事務所の中など）。

注１．「本があります」の文は、机の上に本を
　　　１冊置いた場合と数冊置いた場合の両方
　　　で言わせ、単数・複数にかかわらず使え
　　　ることを教える。
注２．位置詞は、「上、上、下、下……」と言
　　　いながら手を上下させたり前後に伸ばし
　　　たりして、**体を動かしながら体操のよう
　　　に練習すると楽しく覚えられる**。また、
　　　机の上にいすを置き、「机の上に……い
　　　すの下に……」というような意外な設
　　　定をしてもおもしろい。
注３．叙述ができたら、［１］で使った絵を利
　　　用して「なにが／だれが」を使った質問
　　　と答えも練習する。「なにが／だれが」
　　　の使い分けは「あります／います」の使
　　　い分けと必ずしも対応せず、「だれ」は
　　　人についてだけ使うことも教える（例：
　　　「ベンチの下に何がいますか」）。

［3］「何か」と「何も」の導入

　教卓の上に箱を3つ置く。プラスチックの透明な箱を1つと不透明な箱を2つ用意し、導入する文に合わせて中に必要なものを入れておく。

T：＜透明な箱を指して＞箱の中に何がありますか。

L：＜中を見て＞箱の中に鉛筆があります。さいふがあります。

T：＜次に、あめを入れた不透明な箱を指して＞この箱の中に鉛筆があります
　　か……ありませんか……＜と、学習者の反応を見る＞

L：あります。……ありません。……わかりません。……

T：わかりませんね。＜と言って箱を持って振り、音が出たところで＞あー、
　　何かありますね。＜学習者の発話、「何がありますか」を待って箱を開ける＞
　　あめがあります。＜次に、もう一つの不透明な空箱を指して＞箱の中に何
　　かありますか。

L：わかりません。

T：＜箱を振り、音が出ないのを示して、箱を開け＞何もありません。

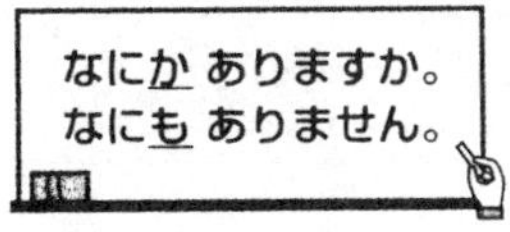

注. 箱からあめが出たところでそのあめを学習者に分けたりすると、学習活動が印
　　象づけられたり、雰囲気がなごんだりする。

［4］助数詞の導入

T：＜机の上に箱を置き、その中にあめを7つ入れ、学習者に発話を促す＞

L：箱の中にあめがあります。

T：そうですね。＜と言ってあめを一つずつ取り＞ひとつ、ふたつ、みっつ
　　……＜と学習者といっしょに数え＞箱の中にあめが7つあります。

L：＜リピート＞箱の中にあめが7つあります。

＜以下、箱の中に鉛筆を入れて「〜本」、紙を入れて「〜枚」などと数える＞

注1. 助数詞はたくさんあるので、初めは「〜つ、〜人、〜本、〜枚、〜階」ぐら
　　いにしぼって導入する。また、なるべく学習者の使いそうなものを取り上げ
　　る。助数詞の一覧表は資料として学習者に渡すとよい。

注2．助数詞の中には「～本」（1ぽん、2ほん、3ぽん）のように音の変化をするものがあることに気づかせ、同じような音の変化のあるものをグループごとに教える。さらに「教室の中に女の人が1人、2人、3人……机が1つ、2つ……8つ……」と数えたり、「いくつありますか」「何人いますか」「何本ありますか」など、疑問詞を使った練習もする。
注3．学生5人に対し、いすを4つ用意して、「いすは4つしかありません」の表現を教えることもできる。
注4．助数詞が出たところで、既習の動詞と組み合わせていろいろな話をさせるとよい（例：「リンさんは毎日ビールを2本飲みます」）。

[5]「～は（場所）にあります／います」の導入

　教室の図を用意する。学習者の一人、Aに前に出てもらう。

T：＜教室の図を見ながら＞**教室です。いすと机がありますね。時計はどこにありますか。時計は**＜絵の中の時計を指しながら＞**ここにあります。**＜と、新しい表現でのQ＆Aを例示し、何回か繰り返す。　次にAに向かって聞く＞**Aさん、黒板はどこにありますか。**
A：＜絵の中の黒板を指さしながら＞**黒板はここにあります。**
T：そうですね。では……＜以下同様にいろいろなものを指して聞く＞

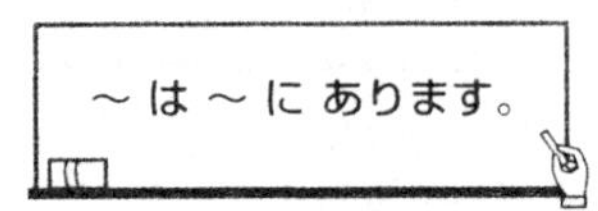

　次にここまでの練習で使った絵や教材を利用して学習者同士で練習させる。また、教室内のもので、時計や本棚など、少し離れたものについて教師が例を示したのち、「そこ／あそこにあります」などという答えが出るように練習させる。

タスク例　「どこにありますか、どこにいますか」

　インフォメーションギャップのある、室内の様子を表す2枚の絵を使い、ものや人物の所在を問うタスク（巻末教材7　P.218参照）。インフォメーションギャップとは、自分と相手が持っている情報の量や内容に違いがあることをいう。

　会社の間取り図で、人やものがすべて書き込んであるもの(図１)と、人やものが一部抜けているもの(図２)の二通りを用意する。図２はどんなものが抜けているか、欄外にイラストで示してある。質問する人Ａは図２を持ち、答える人Ｂは図１を持つ。Ａは図２の欄外にあるものについて、その位置をＢに聞いて、図に書き込む。以下はその会話例。

　　Ａ：田中さんはどこにいますか。
　　Ｂ：山田さんの前にいます。
　　Ａ：電話はどこにありますか。
　　Ｂ：山田さんの机の上にあります。

注.「～は（場所）にあります／います」の文は「～は（場所）です」の形で言い換えられることを教えてもよい（例：電話は机の上です）。

コラム

「あります」のいろいろ

　「あります」には、いろいろな「あります」がありまーす！

　たとえば「山田さんは別荘がある。箱根にあって、冷蔵庫もそのままにしてあるから、いつでも使えるのである。祭りがあるときは必ず行くそうだ」という文ができます。

　このうち、初級の初めに出るのは存在の「あります」や「所有」の「あります」、そして、学習が進むと、開催の「あります」や他動詞を使って結果の状態を表す「～てあります」が出てきます。文体の一つの「である体」は初級の範囲外になります。

第8課

〜は〜が文

 文型

1．リンさんは髪が長いです。
2．キムさんはサッカーが好きです。
3．キムさんは車があります。
4．わたしは車がほしいです。
5．わたしは映画を／が見たいです。

 文法知識の整理

　「象は鼻が長い」に代表されるように、話題となる、あるものの**全体**を「は」で、その一部または属するものを「が」で表し、その様子や状態について述べる文を「〜は〜が」文という。「象の鼻は長い」と言うこともできるが、表現意図は同じではない。また、必ずしも「〜の〜は〜」の形には言い換えられない場合もある（例：「日本は地震が多いです」など）。

　ものの所有や家族関係は「〜は〜がある／いる」と言い表す。家族関係の場合は「わたしは息子が2人あります／います」のように、「ある／いる」どちらも使うことができる。

　好みや願望を言う場合は「〜は〜が好き」「〜は〜がほしい」「〜は〜を／が〜たい」となり、「が／を」はその対象を表す。ただし、「〜たい」の場合、「へ／と／に／で」などを伴う動詞は「京都へ行きたいです」のように、「が／を」にはならない。願望の対象がものである場合は「ほしい」、**動作性**のものである場合は、「**動詞ます形**」の「ます」を取った形＋たい（「見たい」など）となる。「ほしい」は感情形容詞の一つであり、「〜たい」も同様に、「い形容詞型」の活用をする。また、第三者について述べる場合は「ほしが

っている」「〜たがっている」となる。

 ## 教え方の例

［1］「〜は〜が〜」の導入

　絵カードを使って人の体の部分を表す語を導入しておく。また、外見の特徴を捉えやすい人物の絵カードを何種類か用意する。

> T：＜髪の長い人物の絵カードを見せて＞
> リンさんです。＜髪に注目させて＞長いですね。リンさんは髪が長いです。
> L：＜リピート＞リンさんは髪が長いです。
> T：＜髪の短い人物の絵カードを見せて＞ロペスさんは……＜と、発話を促す＞
> L：ロペスさんは髪が短いです。

　同様にほかの特徴についても言えるよう練習する（「背が高い／低い、目が大きい／小さい」など）。教師は絵カードの該当部分を指すだけで、**学習者のほうから発話させる**ようにしていく。クラスメートについて描写をし合い、だれのことかを当てさせる練習もする。

注1．「とても〜です」「あまり〜ないです」などの副詞の使い方も教える。
注2．会話の形で、「歯が痛いです」などの**病気表現**も練習するとよい。
注3．動物や、住んでいる部屋の特徴を言う形（「ウサギは耳が長いです」「この部屋は窓が大きいです」など）でも導入・練習できる。

［2］「好きです」の導入

　スポーツや食べものなどを話題にする。「サッカー、野球……」「りんご、みかん……」のように個々のものを指す言葉と、「スポーツ、果物、野菜、飲みもの」など、同種のもののまとまりを指す言葉の両方を、先に導入しておく。

　　　T：＜人物の絵カードを見せて＞キムさんは先週の土曜日にサッカーをしました。来週も友達とサッカーをします。キムさんは毎週土曜日にサッカーをします。テレビでも、サッカーを見ます。毎月、サッカーの雑誌を買います。キムさんはサッカーが好きです。
　　　L：＜リピート＞キムさんはサッカーが好きです。

　同様に、ほかの話題についても、学習者自身の好みを聞きながら練習する。否定の言い方や、「どんなスポーツが好きですか」「野球が好きです」のような応答も練習する。音楽や映画など、学習者の趣味や興味によって話題を選び、発展させるといい。このあと、「きらい、上手、下手」も続けて練習する。

注1．「〜は〜がわかります」という言い方も練習する。
注2．「〜は好きですが、〜は好きではありません」の形を教えてもいい。
注3．「どんな」の質問には二通りの答えができること（「どんな音楽が好きですか」に対し、「ジャズが好きです」「静かな音楽が好きです」など）も教える。

［3］「あります／います」（所有）の導入

　車の前に立つ人の絵と、一戸建ての家、ピアノなどの絵を用意する。

T：＜車の前に立つ人の絵カードで＞キムさんです。これは、キムさんの車
　　です。キムさんは車があります。

L：＜リピート＞キムさんは車があります。

T：わたしは車がありません。＜ピアノの絵で＞これはわたしのピアノで
　　す。わたしはピアノがあります。Ａさんはピアノがありますか。

A：はい、あります。＜と、短く答えさせるようにする＞

T：Ｂさんは？　Ｂさんもピアノがありますか。

B：いいえ、ありません。

同様にほかのものでも練習する。次に、「兄弟／日本人の友達がいますか」
などの質問で、人の場合について練習する。家族については「ある／いる」
どちらも使えることも教える。また、「時間、休み」のように、形のないも
のについて言えることも教える。

注．所有の「あります」を使うときは、例で示したように家、車、ダイヤモンドな
　　どの、手に入れにくいものについて言うことが多い。カメラや文房具などの小
　　さいものについては「〜を持っています」と言うので注意する。

[4]「ほしいです」の導入

　　コンピューターやビデオカメラなど、学習者が欲しいと思いそうなものを
絵カードにして（1枚の絵にしてもいい）黒板に貼っておく。

T：Ａさんは車がありますか。

A：ええ、あります。

T：そうですか。いいですね。わたしは車がありません。わたしはド
　　ライブが好きです。わたしは車がほしいです。Ｂさんは？

B：わたしも車がありません。車がほしいです。

T：＜Ｂに、Ｃに聞くように促す＞

B：Ｃさんは？

C：わたしは車があります。でも、恋人がいません。わたしは恋人が
　　ほしいです。

同様に、疑問詞「何」を使い、教師が学習者に、今、何がほしいか質問す

る。第三者について述べる場合は「ほしがっています」となるので、ここで
は教師と学習者のやりとりを中心に練習する。

[5]「〜たいです」の導入
　「ほしいです」を教えると、「結婚がほしいです」などの誤用が出るので、
[4]の文型との違いや「動詞ます形」から「ます」をとった形＋たいの接
続形を板書して、しっかり形を教える。

> Ｔ：皆さんは映画が好きですか。＜何人かに聞いてから＞わたしも映画が
> 好きです。休みの日に、よく映画を見ます。＜映画の広告かパンフレ
> ットを見せて＞今度の日曜日に、この映画を見たいです。

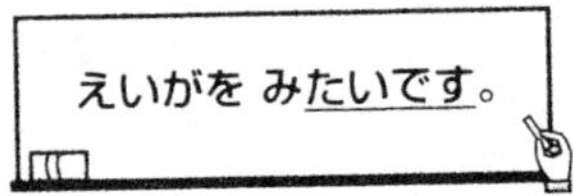

　同様に、2、3の例文で意味と形を提示したら、まず、動詞の絵カードま
たはフラッシュカードを次々と見せて、「〜ます」→「〜たいです」の変換
練習をする。「〜たいです」の形がスムーズに言えるようになったら、学習
者自身のことを聞きながら練習する。また、動詞がほかの助詞を伴う場合に
ついても練習する。例えば、「どこへ、だれと、何で」あるいは、「どこで」
などと話題を広げていき、助詞が異なる場合があることを一つひとつ板書し
て印象づける。否定の形「〜たくないです／たくありません」も練習する。

　注1．対象を表す助詞は、テキストによっては「が」としているものもある。
　注2．「ほしい」と同様、「〜たい」の形は三人称には使えないので、質問した相手

について「〜さんは〜を〜たいです」と発表させないようにする。
注3.「〜たい」の形は、実際の会話では、「〜たいんですが、どこにありますか
　　　どこがいいですか」のように、助けやアドバイスを求めたりするときの切り
　　　出しに使われることが多い。クラスのレベルによっては、決まった言い方と
　　　して、これらの言い方も教えておくと役に立つ。

タスク例　「友達になりましょう」

　趣味の合う友達を探すという設定のタスク。好みや趣味を書いたカード
（巻末教材 8　P.219参照）を学習者の人数分用意する。その際、同じ内容のも
のが必ず 2 枚ずつあるようにする。学習者は自分のカードを読み、同じ内容
のカードを持っている相手を見つけるまで次々と相手を変えて聞いていく。

注1.　クラスの人数が多い場合は小グループに分ける。また、学習者がカードを読
　　　んで理解するための時間を十分取る。
注2.　お見合いをしてデートの相手を探す、ルームメイトを探すなどと、学習者や、
　　　レベルによって設定や内容を変えるといい。カードの内容によっては、既習
　　　項目の総合的な復習の活動にすることもできる。

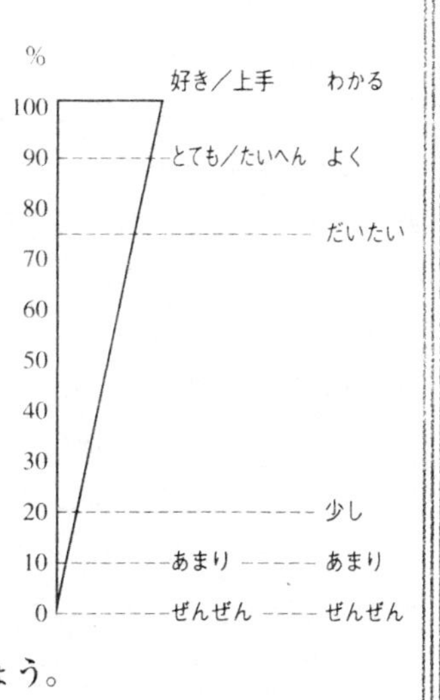

程度の副詞

　「〜は〜が」文や「好きです」「上手で
す」などの練習のときによく出てくる
のが「とても、あまり、ぜんぜん」な
どの、程度を表す副詞です。このほか
にも、「わかります」といっしょによく
使われる「だいたい・少し」などもあ
りますね。「どのくらい？　何パーセン
ト？」と、中にはこだわり派の学習者
もいますが、こんなふうに図示すると
納得するようです。「あまり、ぜんぜん」
はいつも否定形に続くことを強調しましょう。

比較

 文型

1. 12月<u>は</u>11月<u>より</u>寒いです。
2. 11月<u>は</u>12月<u>ほど</u>寒くないです。
3. タクシー<u>と</u>バス<u>と</u>どちらが速いですか。――タクシー<u>のほうが</u>速いです。
4. 豚肉<u>と</u>とり肉<u>と</u>牛肉の<u>中で</u>どれがいちばん安いですか。――とり肉がいちばん安いです。
5. スポーツ<u>(の中)で</u>何がいちばん好きですか。――テニス<u>がいちばん</u>好きです。

文法知識の整理

　2つのものを比較する場合、「AはBより大きいです」「BよりAのほうが大きいです」と二通りの言い方ができる。また質問文とその答えは「AとBとどちら(のほう)が大きいですか」「Aのほうが大きいです」となる。また、同じ内容について「BはAほど大きくないです」と言うこともできるが、これはAとBどちらも大きく、その違いがあまりないという前提に基づいているので、初級での扱いには注意が必要である(例:「ネズミは象ほど大きくないです」は不自然な文となる)。

　3つ以上のものを比較する場合、比較するものを一つずつ列挙して比べる方法「AとBとCの中でAがいちばん大きいです」と、カテゴリーを挙げてその中で比べる方法「〜(の中)でAがいちばん大きいです」とがある。このとき、質問文は、比較するものによって「どれ/いつ/どこ/何/だれ」など、いろいろな疑問詞を使うところが、2つのものの比較との違いである(例:「コーヒーと紅茶とミルクの中でどれがいちばん好きですか」「動物の

中で何がいちばん大きいですか」)。

 教え方の例

[1]「〜は〜より〜です」の導入

　比較の文型を導入する前に、形容詞文と必要な語彙の復習・導入をしてお
く。年間の月別の平均気温が書いてある折れ線グラフを用意する(グラフがな
い場合は表にして数字で表してもよい)。

> T：＜グラフを指しながら＞11月は15度です。12月は……10度ですね。
> 　　12月は11月より寒いです。
> L：＜リピート＞12月は11月より寒いです。
> T：1月はどうですか。1月は5度ですね。1月は……＜と言って発話
> 　　を促す＞
> L：1月は12月より寒いです。

～ は ～ より ～ です。

　同様にいろいろな月を指しながら、季節に応じて「暑い」「暖かい」などの語彙も使って発話させる。また、**学習者の国の気候と比較したり、人口や面積について言わせるとおもしろい**（例：「タイの夏は日本の夏より暑いです」）。

注1．比較するものの差の程度によって、「少し／ちょっと」「ずっと」などが使えることを教えてもよい。
注2．比較するものは何でもいいが、学習者が興味を持つようなものにし、できれば絵や表、グラフなどを用意し、**視覚的にわかるように提示する**。
注3．比較の言い方に慣れたら、形容詞文に限らず、「〜は〜が」文、**動詞文など**でも練習する。また、**過去形なども使って言えるようにする**（例：「タンさんはわたしより背が高いです」「今日は昨日よりたくさん勉強しました」）など。

[2]「〜は〜ほど〜（ない）」の導入

　[1] と同じグラフを使い、1年間の気温を話題にしながら、「11月は12月ほど寒くないです」という形を導入する。このとき、11月も少し寒いけれども、12月のほうがもっと寒い、ということを理解させることと、否定形がなめらかに言えるようにすることが大切である。

[3]「〜と〜とどちらが〜」と「〜のほうが〜」の導入

　乗りものの絵カードを何種類か用意する。

T：＜タクシーとバスの絵カードを見せて＞ここから駅までタクシーで行きます。何分ぐらいかかりますか。＜学習者の答えを待ってから＞バスはどうですか。バスで何分ぐらいですか。＜再度、学習者の答えを聞いて＞タクシーとバスとどちらが速いですか。
L：タクシー……
T：＜学習者の答えを引き取って＞そうですね。タクシーのほうが速いです。
L：＜リピート＞タクシーのほうが速いです。

　同様に、いろいろな乗りものについて、行き先を変えたり、速さばかりで
なく**値段、便利さ**などについても、比較して質問し答えさせる。次に［1］
と同様に、いろいろな題材について比較し、学習者同士でQ＆Aの練習やペ
アワークをさせる。

注. 「どちらが好きですか」というような質問に対しては、「どちらも好きです」と
　　いう答え方ができることも教える。

［4］「～と～と～の中でどれがいちばん～」と「～がいちばん～」の導入
　比較するものを3つ（以上）にして、［2］と同様に導入・練習する。例え
ば、豚肉、とり肉、牛肉それぞれ100ｇあたりの値段を黒板に書き、「豚肉と
とり肉と牛肉の中でどれがいちばん安いですか」と聞き、「とり肉がいちば
ん安いです」のように答えさせる。ここで、いろいろなものの値段が国によ
って違うので、お互いの国の物価と比較しながら話させるとよい。

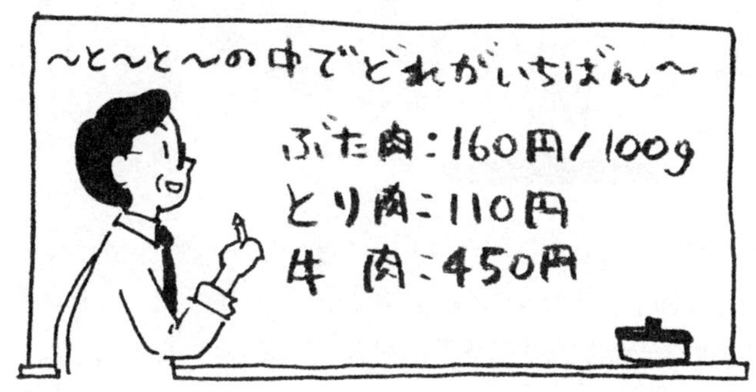

注. この文型では、比較する内容によって、「どれ」だけではなく「いつ」「どこ」
　　「だれ」などを使い分けることを、いろいろな例を出して教える。

［5］「～（の中）で～がいちばん～」の導入
　［4］で比較したものについて、そのカテゴリーのものがいくつか入って
いる絵を用意する。ここではいろいろなスポーツの絵を使う。

Ｔ：＜いろいろなスポーツの絵を見せて＞Ａさんはどんなスポーツをしますか。

Ａ：テニスやスキー、それからピンポンもします。

Ｔ：そうですか。テニスとスキーとピンポンの中でどれがいちばん好きですか。

Ａ：テニスがいちばん好きです。

Ｔ：Ｂさんは？　スポーツの中で何がいちばん好きですか。

Ｂ：わたしは、野球がいちばん好きです。

> 〜 の中で 〜 がいちばん〜

　スポーツについて皆に聞いたら、次に食べものや飲みもの、音楽に関する好みについて聞く。また、クラスの中でだれがいちばん若いか、だれがいちばん背が高いかなど、学習者が質問を考えてお互いに聞き合うという練習をするとよい。

注．３つ以上のものについて比較する場合、普通、目の前にある具体的なものを指して聞くときには「どれ」を、カテゴリーをあげて聞くときには「何」を、と使い分けているので気をつけること。

 会話　「いっしょに旅行したいですね」

　ペアになって、旅行に行くという設定で、行き先や乗りものなどについて相談をするというタスク。

　まず、モデルになる会話例を、テープで聞かせるかプリントなどにして渡
し、全体がどんな会話になるかつかませる。次に、行き先や乗りものなど、
学習者が自分で選択して発話する部分（下の会話例では下線部分）を空白にし
たタスクシート（巻末教材9　P.220参照）を渡し、学習者はペアになって会話
を進める。そして、それぞれプランが決まったら、どんな旅行をすることに
なったか、ペアごとに発表させる。以下は、その会話例。

会話例

　　A：Bさん、春休みにいっしょに旅行したいですね。
　　B：いいですね。Aさんはどこへ行きたいですか。
　　A：わたしは北海道か沖縄へ行きたいです。
　　B：北海道か沖縄ですか。わたしは北海道のほうがいいですね。沖縄
　　　　は、去年行きました。
　　A：そうですか。じゃ、北海道へ行きましょう。
　　B：何で行きますか。Aさんは、飛行機と船と車の中でどれがいいで
　　　　すか。
　　A：わたしは飛行機がいいですね。飛行機がいちばん速いです。
　　B：じゃあ、飛行機で行きましょう。

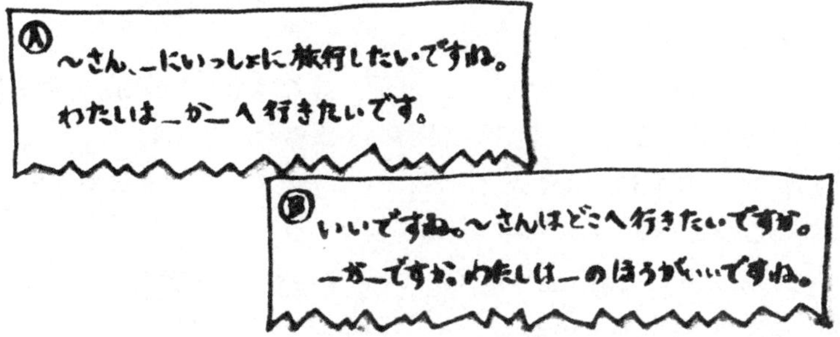

注1．旅行のパンフレットの表紙などを見せると、地名やどんなところかのイメー
　　　ジが提示できて、会話が弾む。
注2．学習者によってはこのあと、泊まる所や、そこで何をするかなど、会話を続
　　　けさせてもよい。それについての必要な語彙は板書しておく。
注3．旅行に限らず、「食事する」「映画を見に行く」など、いろいろな設定で会話
　　　をすることができる。また、比較の文型と合わせて、さまざまな既習文型も
　　　使えるよう、モデル会話を考えるとよい。

第10課

授受

 文型

1．わたしはリンさんに花をあげます。
2．リンさんはタノムさんに／から本をもらいました。
3．佐藤さんのおとうさん－わたしの父（家族の呼称）
4．兄はわたしにCDをくれました。

 文法知識の整理

　「あげる・もらう・くれる」を**授受動詞**という。そのまま使って「ものの授受」を表し、「てあげる」のように「て形」とともに使って「行為の授受」を表す。日本語の**授受動詞**の使い分けは学習者にとって理解しにくい項目の一つである。その原因は、ものの移動の方向、話し手の視点、などが関係しているからである。

　「あげる」「もらう」は、話し手と、聞き手または第三者の間でものが移動する場合と、第三者同士の間でものが移動する場合に用いる。

　「あげる」の**主語は与える人**である。「Aさん（第三者）は私にあげました」とは言わないことをしっかり押さえる必要がある。

　「もらう」は**受ける側に立った言い方**で、**受ける人が主語**である。「Aさん（第三者）はわたしにもらいました」は言わない。

　学習者には「くれる」が最もわかりにくい。ものが話し手の方向に向かって移動する場合だけに用い、**受ける人はわたしかわたしグループの人**である。わたしグループとはわたしの領域に属する人、家族・会社の人などであるが、話し相手や話題の人がグループの内か外かは、その時の話し相手や場合によって変わる。「くれる」の**主語は与える人**である。従って、話し相手（聞き手）

がわたしグループの人である場合には「それ、だれがくれたの」という聞き方もよくする。

「〜にあげる」の「に」は対象を表し、「〜にもらう」の「に」は出所を表すので、機能が違うことを押さえておく。出所には「から」も使うが、国や学校など出所が機関の場合は「から」を使う。

「授受動詞」の待遇表現は次のとおりであるが、ここでは触れない。「やる」は現代では、年下の家族か動植物にだけ使う。

目上	さしあげる	いただく	くださる
同輩・目下	あげる	もらう	くれる
目下	やる	もらう	くれる

 教え方の例

［1］「〜に〜をあげます」の導入

　必ずものを持って、**実際にやりとりさせながら体で覚えさせる**ようにするのがコツである。きれいな包装紙に包んで大きなリボンをつけたプレゼントの箱、花、本、辞書、外国の切手、ボールペン、チョコレート、テレホンカード、ゲームソフトなどを並べておく。

T：＜学習者の一人を教師のほうに呼んで＞今日はＡさんの誕生日です。わたしはＡさんにプレゼントをあげます。＜プレゼントの箱を渡しながら＞どうぞ。

A：ありがとうございます。

T：Ａさんにプレゼントをあげます。＜Ａ以外の学習者にリピートを促す＞

L：＜リピート＞Ａさんにプレゼントをあげます。

T：＜Ｂを前に呼び＞Ｂさんは何をあげますか。＜置いてあるものを指して、この中から選んでＡに渡すように促す＞

Ｂ：＜教卓の上から花を取り上げて＞花をあげます。どうぞ。＜と言いながらＡ
　　に渡す＞

Ｔ：＜Ｔが引き取って＞ＢさんはＡさんに花をあげました。＜以下、引き続
　　き実際にものを持って、渡しながら言わせる＞

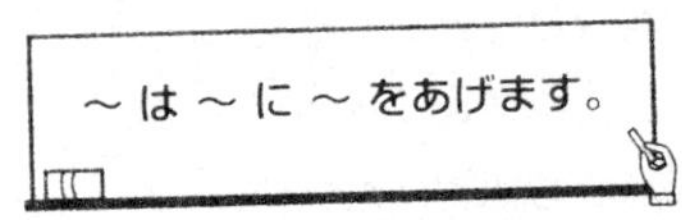

注. もらった本人に「〜さんはわたしに〜をあげました」と言わせないように、注
　　意する。コーラス(皆で声をそろえて言う)にも参加させない。

[２]「〜に〜をもらいます」の導入

　「あげます」の場合と同様、実際にものを持ってやりとりさせながら導入
する。

　　Ｔ：ＢさんはＡさんに花をあげました。＜教師はＡの後ろに立って、今度はＡ
　　　　の側(視点)に立って言っていることを理解させながらＡがもらった花を指して＞Ａ
　　　　さんはＢさんに花をもらいました。
　　　　Ａさんは……。＜Ａの視点で言うように、Ａ以外の学習者に促す＞

　　Ｌ：ＡさんはＢさんに花をもらいました。

　　Ｔ：＜[１]でやりとりされたものを使って、Ｃ以外の学習者に聞く＞では、Ａさん
　　　　はＣさんに何をもらいましたか。

　　Ｌ：ボールペンをもらいました。

　　Ｔ：＜以下続けて、あげた人以外の人に「もらいました」を使って言わせる＞

注. ここでも、あげた本人に「Ａさんはわたしに〜をもらいました」と言わせない
　　ように注意する。

　お正月、クリスマス、バレンタインデー、祭りなどのときの自国の贈りも
のの習慣について、「あげる・もらう」を使って互いに質問し、話させる。

練習例

　　A：お正月に子どもたちはプレゼントをもらいますか。
　　B：いいえ、プレゼントをもらいません。お金をもらいます。

[３]「家族の呼称」の導入

　初めに「お父さん・お母さん」などの家族の言い方を導入する。それが定着したら、自分の家族をほかの人に言う場合の「父・母」などの言い方を導入する。両方が定着したら、使い分けができるように練習する。

　　T：佐藤さんの家族です。＜家族の顔をかいた絵を黒板に貼り、絵を指して導入する＞お父さん・お母さん・お兄さん・お姉さん・弟さん・妹さん。
　　　＜リピートさせ、さらに、学習者を１人前に出させて、家族の顔をかいた絵の「さとうさん」の上に「わたし」のカードを貼らせる＞
　　　わたしの家族です。父です。母です。＜以下、兄・姉・弟・妹、と導入する＞

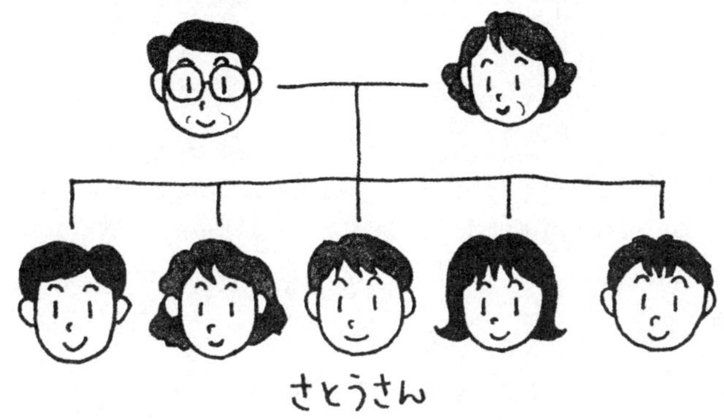

　写真や家族の略図を見ながら、次のように呼称の言い方をペアで練習する。皆が言えるようになったら、自分の家族の紹介をさせる。

練習例

　　A：この方はBさんのお父さんですか。
　　B：はい、父です。

注１．自分から希望する人には写真を持ってこさせるとよい。学習者の中には、さまざまな事情からプライベートなことには触れられたくない人もいるので、

　　　クラスの中では「練習だから本当のことを話す必要はない」と断り、架空の
　　　絵などを使うという配慮も必要である。
注2．学習者によっては、夫・妻、息子・娘、ご主人・奥さん、息子さん・お嬢さ
　　　んなどの語彙も導入する。

［4］「わたしに〜をくれます」の導入
　「くれます」は、「わたしに」または「わたしグループの人に」しか言わな
いことをはっきり提示することが大切。マグネットシートの「話し手視点マー
ク」（5課参照）を使う。兄の絵と自分の絵を用意し、紹介したあと、黒板
に立てかけておく。

　　　T：＜CDを持って兄の絵のほうから自分のほうに近付けて＞**わたしは誕生日に兄**
　　　　　にCDをもらいました。誕生日に兄はわたしにCDをくれました。
　　　　　「くれます」は「わたしに」か「わたしグループの人に」だけで
　　　　　す。＜話し手視点マークを使って、話し手がわたしであることを視覚的に見せ
　　　　　る＞**兄はわたしにCDをくれました。**
　　　L：＜リピート＞**兄はわたしにCDをくれました。**

　「わたしに」だけそのままにして、与える人を家族や友人と入れ替えたり、
ものを入れ替えたりして、文型練習をする。そのあと、誕生日などにもらっ
たものについて「〜は（わたしに）〜をくれました」の形で話させる。
　「くれる」を使う場面として、次のような対話の下線部を入れ替えて練習
するとよい。

練習例

　　　A：Bさん、いい**時計**ですね。どこで**買いました**か。
　　　B：これですか。これは**誕生日**に**父**がくれました。

注．あまり親しくない人や目上の人から何かもらったときなど、「くださいました」
　　を使ったほうがいい場面が多いので、余裕があれば「先生はわたしに本をくだ
　　さいました」などのように「くださいました」も導入する。

 **タスク例　「プレゼント交換」**

　絵にかいたものを実際にやりとりして、表に書き、発表するタスク。

　はがき大の白紙カードとタスクシートを人数分用意しておく。学習者を3人ずつのグループに分ける。「今日はパーティーです。グループの2人の友達にプレゼントをあげましょう。何をあげますか」と言って、学習者にプレゼントするものを絵や文字でカードに書かせる。

　「では、パーティーです。友達にプレゼントをあげましょう」と言って、互いにプレゼントを書いたカードをあげたり、もらったりさせる。次に、タスクシート(巻末教材10 P.221参照)を1人に1枚ずつ配る。学習者は友達に何をあげたか、友達は自分に何をくれたかを記入する。次に、グループの友達2人が互いに何をあげたかを聞いて書く。書けたら、皆の前で発表する。

　まず、シートにしたがって「AさんはBさんに自転車をあげました」と発表したら、次の段階として、「BさんはAさんに自転車をもらいました」のように、主語(視点)や動詞を替えて言う。

だれが	だれに	なにを	
わたし	ジムさん リンさん		あげました
ジムさん リンさん	わたし	えんぴつ はな	くれました

第11課

て形 その1

 文型

1．動詞の分類
2．動詞の「て形」：行って、食べて、して
3．見<u>て</u>ください。
4．友達と食事を<u>して</u>、映画を見ます。
5．歯をみがい<u>て</u>から、朝ごはんを食べます。

 文法知識の整理

　「聞いてください」「見てください」などは教室用語で耳になじんだ言い方であるが、この「聞いて」「見て」などを動詞の「**て形**」という。初級で教える「**て形**」にも、「～ています」「～てみます」「～てはいけません」「～てあげます」など、いろいろな表現がある。ここで取り上げる「～てください」は依頼表現、「～て、～」は「朝起きて、顔を洗います」のように連続する2つ以上の動作を次々に言う表現、さらに「～てから～」は動作の順序を意識して言う表現である。

　て形の作り方を導入するときは、動詞を分類して示す。ここでは**五段動詞**（行く、買う）、**一段動詞**（見る、食べる）、**不規則動詞**（する、来る）のように分けるが、それぞれⅠグループ、Ⅱグループ、Ⅲグループ、また、u-verb、ru-verb、irregular verb などの呼び方もある。日本語の和語動詞の多くが五段動詞であり、て形になるときに音の変化をするので、学習者が聞きとりや発話に慣れるまで時間がかかる。また、ひらがなで書くと同じになるものもあり、（例：「来て、着て→きて」「切る、着る→きる」）、アクセントで使い分けができるような指導も必要である。

「て形」の作り方

五段動詞	一段動詞
いいます→　　いって まちます→　　まって とります→　　とって *いきます→　　いって しにます→　　しんで あそびます→　あそんで のみます→　　のんで かきます→　　かいて およぎます→　およいで **はなします→　はなして	みます→　みて たべます→たべて
	不規則動詞
	します→　　　　　　して れんしゅうします→れんしゅうして きます→　　　　　　きて

＊例外　　＊＊特別

　五段動詞は「ます形」の「ます」の前の音によって、表のように分けられ、音便（特殊な発音の変化）がある。「ます」の前の音が「い・ち・り」の場合は「って」、「に・び・み」の場合は「んで」、「き・ぎ」の場合は「いて・いで」になる（「いきます」は例外）。「し」は「して」で変わらない。

　一段動詞は音便がないので、「ます形」の「ます」をとって、「て」を付ける。

　不規則動詞は、「して」「きて」となる。

 教え方の例

［1］動詞の分類

　既習の動詞を「ます形」で表したフラッシュカードを見せ、動詞は3つのグループに分けられることを教える。「ます」の前のかなが「え段」のものは一段動詞であり、「い段」のものの大半は五段動詞であるが、「見ます、起きます、着ます」のように、一段動詞のものも一部あると教える。不規則動詞は「します、来ます」の2つだけであることを教える。

　T：＜「食べます」のカードを見せて＞たべます、たべ……え……＜と長くのばして発音し＞え段ですね。ですからこれは一段動詞です。

　同様に動詞カードの何枚かを見せて、教師が分類例を示したら、残りのカードを学習者に判別させる。動詞カードは、一段、五段、不規則の3グループの3つの山に積んだり、黒板にマグネットシートなどでグループ別に貼ったりする。

［2］動詞「て形」の導入

　「て形」を印象づけるために、ふだん使っている**教室用語の中から**「て形」を含んだものをいくつか言って、実際に指示を出す。「見てください……見て……」「聞いてください……聞いて……」と言いながら、「て形」の部分を板書し、それを「て形」と呼ぶことを教える。

　まず、音便による変化のない一段動詞を導入する（例：食べます→食べて）。次に**五段動詞**については文法知識の整理の分類表に従って**音便別に導入し**（例：書きます→書いて）、さらに**不規則動詞の2つを導入**する。学習者が「て形」の作り方をしっかり理解したら、次に、フラッシュカード(表に「ます形」、裏に「て形」を書いたもの)で口頭練習を繰り返して、音に慣れさせる。絵カードを見せて「て形」を言わせたり、**まとめ用の**シートを使ったりして十分練習させる　（巻末教材11 P.222参照)。

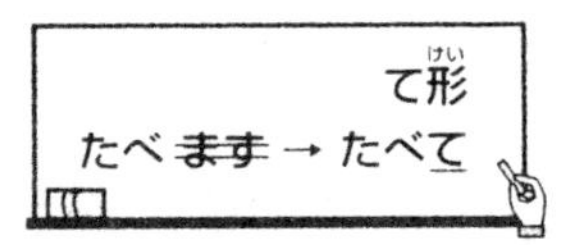

注1．五段動詞の「行きます→行って」は例外であると教える。
注2．初めはグループ別に動詞変化の練習をするが、**慣れてきたら交ぜて言わせる。**

［3］「〜てください」の導入

T：＜フラッシュカードの「見ます」を示し＞「て形」は？＜と言って「て形」を
　　引き出す＞
L：見て。
T：＜学習者の答えにうなずきながら＞見て……ください。見てください。
L：＜リピート＞見てください。
T：時計を見てください。＜これを聞いて学習者が時計を見るのを確認する＞

黒板を見てください。＜教師の指示に従って学習者が視線を動かすのを確認する＞

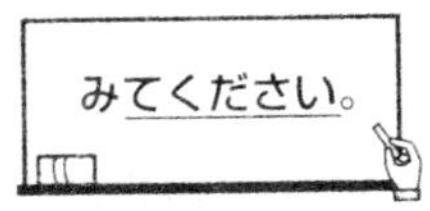

　絵カードやフラッシュカードで「〜てください」の形でひと通り口頭練習ができたら、目的語を口頭で（「コーヒー」と）言ったり、目的語となる絵（コーヒーの絵）を見せたりして「コーヒーを飲んでください」のように文で言わせる。このあと、「Ａさん、黒板に字を書いてください」「Ｂさん、立ってください」「Ｃさん、電気をつけてください」などと、これまでに習った言葉を使って**学習者を動かす。**教師がいくつか例示したら、学習者２人ずつのペアワークで練習させてもいい。

注．動作をする人は「はい」と言ってするとか、指示する人は、動作をしてもらったら「どうもありがとう」と言うなど、**自然なコミュニケーションになるよう**に助言する。

［４］「〜て、〜」の導入

　動作や場所、ものを表す絵カードを何枚か用意する。

　Ｔ：＜右手に食事の絵を持ち＞**わたしはあした、友達と食事をします。そして**＜左手に映画館の絵を持ち＞**映画を見ます。わたしはあした、友達と食事をして、映画を見ます。**

　Ｌ：＜リピート＞**友達と食事をして、映画を見ます。**

　Ｔ：＜以下同様に２枚の絵カードを並べて見せ、「て形」でつなげて言わせる＞

　次にペアワークで、日曜日の予定や、前日したことなどを「て形」を使ってお互いに言う練習をさせる。さらに「窓を閉めて、電気をつけてください」などと、２つの指示を与えて練習をするとよい。

注1．この段階では、「て形」で表される動詞の主語は同一人物に限る。また「～て、～」の文は、原因（「かぜをひいて、休みました」）や、付帯状況（「座って話しましょう」）、方法（「テープを聞いて練習します」）などを表すのにも使われるが、ここでは触れない。

注2．「～て、～て、～ます／ました」のように、3つの動作まではいいが、4つ以上はあまり言わないことを教える。

［5］「～てから、～」の導入

歯をみがいている絵とごはんを食べている絵を用意する。

T：＜2枚の絵を順に見せながら＞わたしは、歯をみがきます。それから朝ごはんを食べます。1番、歯をみがきます。2番、朝ごはんを食べます。わたしは、歯をみがいてから、朝ごはんを食べます。

L：＜リピート＞歯をみがいてから、朝ごはんを食べます。

T：＜Aに問いかけて＞Aさんは？

A：わたしは、朝ごはんを食べてから、歯をみがきます。

T：ああ、そうですか。Bさんは？＜何人かに聞いてから、ほかの例でも練習する＞

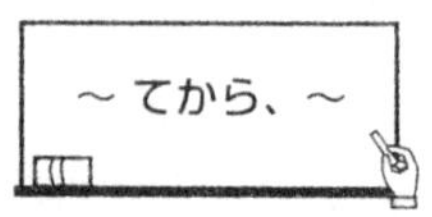

 ドリル例　　「Ｘさんの一日」

　ある人の一日について、「て形」を使って言わせる練習。

　朝起きてから、夜寝るまでの間のいろいろな動作を、「〜て、〜」や「〜てから、〜」の形を使って各学習者に言わせていく。そのとき、初めの学習者が「朝起きて、顔を洗います」と言ったら、次の人はその後半の部分を前半に使って、「顔を洗ってから、朝ごはんを食べます」のように、前の人と次の人の内容がつながるようにし、最後の人が「〜てから、寝ます」で終わるようにする。架空の人物や、またはいつも絵カードに登場する人物（鈴木さんなど）について言ってもいいし、先生や学習者が共通に知っている人物（有名人など）について想像しながら言わせてもおもしろい。このように、学習者1人ずつに、次々に言わせていく練習をチェーンドリルと呼ぶ。

黒板は教師の雑記帳じゃない！

　黒板に字をきれいに読みやすく書くことは**基本**ですが、黒板をいかに効果的に使うかは教師の力の差となって出てしまいます。思いつきのメモ書きのような板書では学習者にもわかりにくいし、自分でもわからなくなってしまいます。この一こまの授業で、**何を、いつ**板書するかを、事前に考えておきましょう。また、黒板でもホワイトボードでも、色を上手に使うと、カラフルで楽しいですね。言葉の変化する部分や助詞を違う色で書くなど、自分で一定のルールを決めておくといいでしょう。また、下線やかこみ、矢印などの記号も、自分のスタイルを一定にしておくと学習者にわかりやすいですね。

第12課

て形 その2

 文型

1．リンさんは今、そうじを<u>して</u>います。
2．パクさんは、日本の会社で働<u>いて</u>います。
3．ケリーさんは、青いセーターを着<u>て</u>います。
4．テレビを見<u>ながら</u>、ごはんを食べています。
5．雨が降<u>って</u>います。
6．漢字を大き<u>く</u>／きれい<u>に</u>書きました。

文法知識の整理

「～ている」は、動詞の種類によって意味が異なる。ある時間、継続して行われる動作・作用を表す動詞は**継続動詞**と呼び、その「～ている」の形は**動作の進行**（「本を読んでいます」など）を、または**動作・状態の継続**（「銀行で働いています」など）を表す。瞬間的に起こる動作・作用を表す動詞は**瞬間動詞**といい、その「～ている」の形は**結果の存続・状態**を表す（「着物を着ています」「結婚しています」など）。また、「似ている、太っている」などのように、普通はいつも「～ている」の形で用いられて、**状態を表す動詞**もある。一方、「ある、いる」などの動詞はそのままで状態を表しており、「～ている」の形にはならない。これら、動詞の種類による違いとは別に、「毎日、地下鉄で会社に通っています」（**習慣**）、「何度も京都へ行っています」（**経験**）、「映画はもう始まっています」（**完了**）などのように、**副詞がつく**ことによって意味が決まる場合もある。

　「CDを聞きながら勉強します」と言うときは、2つの動作「CDを聞く」と「勉強する」を同時に行っていることを表す。「～ながら」は、動詞「ま

す形」から「ます」をとった形に接続し、後にくる動詞が主な動作を表す。

　形容詞が副詞的に動詞を修飾する場合は、い形容詞は「大きい→大きく」、な形容詞は「きれい→きれいに」のようになる。形容詞の副詞的用法には、「大きく書きました」のように、その動作や作用の結果の状態を表す場合と、「早く歩きます」のように、その動作・作用が行われるときの様子を表す場合とがある。

 教え方の例

［1］動作の進行を表す「～ています」の導入

　同じ人物が、ある動作をする前、しているところ、し終わったところを表す絵カードを一組用意する。また、そのほかのさまざまな動作をしている人物の写真や絵カードを用意し、語彙の確認・導入をしておく。このとき、瞬間動詞（「起きます・立ちます」など）を交ぜないように注意する。

T：＜散らかった部屋に、掃除機を持って立っている人物の絵カードを見せて＞リンさんです。リンさんは、これから何をしますか。

L：掃除をします。

T：そうですね。では、こちらは？＜と、きれいになった部屋で満足そうな表情の、同じ人物の絵カードを重ねる＞

L：掃除をしました。

T：そうです。＜掃除中の絵カードを見せて、上と同じように問いかけ、学習者のほうから出なければ＞リンさんは今、掃除をしています。

L：＜リピート＞リンさんは今、掃除をしています。

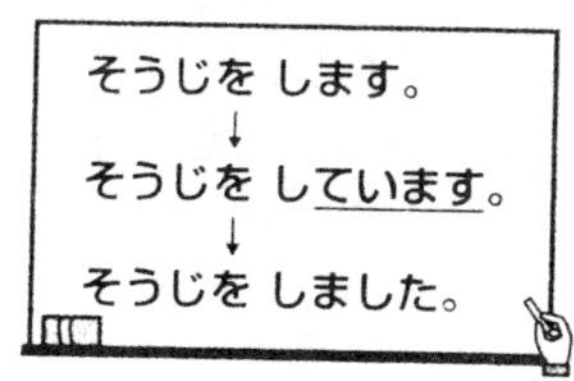

　上の３枚の絵カードを時間の**経過順に並べ**、横にそれぞれの**文を板書する**。さらに教師の動作で「書く、聞く」などを見せ、「〜ています」の意味と形を提示したら、絵カードを次々に見せ、「〜ています」を言う練習をする。**学習者に動作をさせて**、ほかの学習者に「〜ています」と描写させてもいい。

注.「て形」がスムーズに出てこない場合は、まず動詞のグループ別に、「て形」だけの復習をする。

[2] 習慣・継続を表す「〜ています」の導入

　職業に関するものをはじめ、毎日継続して行う行動や習慣を表す動詞の絵カードを用意し、語彙の導入・確認をしておく。

　T：＜事務所で働いている人物の絵カードを見せて＞パクさんです。パクさんの会社は日本の会社です。月曜日から金曜日まで、毎日会社へ行きます。パクさんは、日本の会社で**働いています**。

　L：＜リピート＞パクさんは、日本の会社で働いています。

　T：＜英語を教えている場面の絵カードを見せて＞ケリーさんは英語の先生です。ケリーさんは……＜と発話を促す＞

　L：英語を教えています。

　同様に、同じ人物について「〜に住んでいます」「〜で会社に通っています」「毎朝ジョギングをしています」などと紹介したあと、**学習者自身につ**

いて言わせたり、ペアワークで、学習者の家族について聞き合ったりして練習する。

注．[1]と[2]の違いは、「今、～ています」「毎日、～ています」のように、
　　時を表す副詞とともに示すといい。

[3] 結果の存続・状態を表す「～ています」の導入

　簡単に脱ぎ着できるジャケットやベスト、またはめがねなどを用意する。
そして、衣服など身につけるものの名前や、着脱の動詞——「着ます、はき
ます、かぶります、(めがねを)かけます、(ネクタイなどを)します」などを
導入しておく。

> **T**：今日は少し寒いですね。わたしはジャケットを着ます。<と言って、
> 着て>ジャケットを着ました。今、わたしはジャケットを着てい
> ます。Ａさんは青いセーターを着ていますね。Ｂさんは……<と、
> Ｂ以外の学習者に発話を促す>
> **L**：Ｂさんは赤いベストを着ています。

　このあと、「着ます→着ました→着ています」と板書し、学習者の服装や
身につけているものを説明させたり、絵や写真を使ってさまざまな人物の外
見を描写させたりして練習する。

注1．[1]との違いがわかりにくいようであれば、[1]の場合の3つの動作の経
　　　過順を[2]の板書と並べてもう一度板書し、違いを示して確認する。
注2．学習者に余裕があれば、「白いシャツを着て、青いズボンをはいています」
　　　のように続けられることを教えてもいい。
注3．結果の存続・状態を表すほかの動詞「知る、立つ、座る、結婚する、持つ」
　　　なども教える。「知っています」の否定形は、「知っていません」ではなく
　　　「知りません」となることに注意する。
注4．「もうごはんを食べましたか」という質問に対しては、「まだ食べませんでし
　　　た」ではなく、「まだ食べていません」となることも教える。

[4]「～ながら」の導入

　動詞の絵カードと、同時に2つの動作をしている人の絵(「テレビを見なが
らごはんを食べている」「音楽を聞きながら本を読んでいる」など)を用意し

て、まず、動詞の絵カードを見せ、「～ています」の形でそれぞれ何をしているところかを言わせておく。

T：＜テレビを見ながらごはんを食べている人の絵カードを見せて＞何をしていますか。

L：テレビを見ています。……ごはんを食べています。……

T：そうですね。テレビを見ています。ごはんも食べています。＜「テレビを見ています＋ごはんを食べています」と板書し、「見ています」の「ています」を線で消し、下に「見ながら」と書いて、☞ ゆっくり＞テレビを見ながら、ごはんを食べています。

L：＜リピート＞テレビを見ながら、ごはんを食べています。

> テレビを見ています＋ごはんを食べています。
> 見ながら

　同様に、ほかの絵カードを使って練習する。「～ながら」のあとの動作が主な動作であることも教える。

注1．「テレビを見ながらごはんを食べる」「ごはんを食べながらテレビを見る」のように、前後の動詞が入れ替えられる場合もあり、どちらが主な動作であるかは文脈によって変わる。

注2．「～ながら」にはほかの用法もあるが、初級では同時進行動作だけを教える。その際、通常、２つの動詞は継続動詞であり、瞬間動詞を使って「座りながら話す」のようには言わないので、練習には注意が必要である（上記の文は「座って話す」となる）。

注3．「～ながら」を使った文は、実際の会話では応用例は多くない。クラスによっては「コーヒーでも飲みながら話しませんか」というような会話表現として教えてもよい。

　絵カードで、「雨・雪・風」、「降ります・吹きます・曇ります・晴れます」などの、自然現象を表す語彙、及びこれらの語の総称として「天気」を導入しておく。天気について学習者とやりとりをしながら（「今日の天気はどうですか」「今日は天気がいいです」など）、絵カードを使って「今日は晴れています」「今、雨が降っています」などの文を導入し、練習する。教師の主導でひと通り言えるようになったら、簡単な地図を使い、**学習者をリポーター役にして「～地方の天気」を報告させたりしてもいい。**

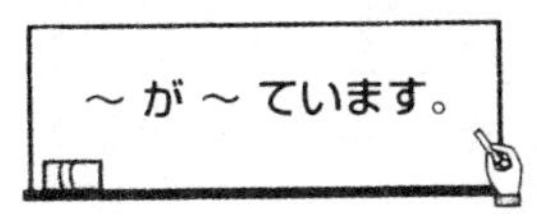

注1．「窓が開いています」のように、自動詞を使って状態を表す例（20課参照）は数多くあるが、ここでは、**自然現象を表すものだけを取り上げる。**
注2．主語を表す「が」は、「～が～ています」という表現として扱い、特に説明はしない。

［6］「〔い形容詞〕く／〔な形容詞〕に～ます」の導入

　まず、黒板に字を書いて導入する。

T：漢字を書きます。＜と言って、黒板にごく小さく字を書き＞**わかりますか。**
L：わかりません。
T：じゃ、大きく書きます。＜と言いながら、今度は大きく書いて＞**よくわかりますね。大きいです。漢字を大きく書きました。**
L：＜リピート＞**漢字を大きく書きました。**

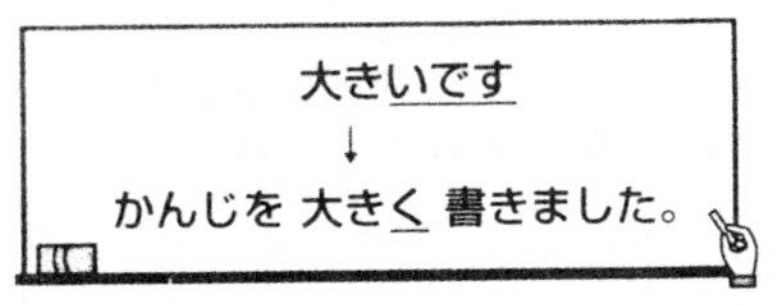

　このあと、動作や適当な絵カードを見せ、「パンを厚く／薄く切る」「速く歩く」などの例で「い形容詞」について練習する。次に、上の例と同様に「漢字をきれいに書きました」の例で、「な形容詞」について導入し、そのあ

と「きれいに掃除する」「静かに話す／勉強する」などの例で練習する。「大きく書いてください」「きれいに書いてください」などの指示で、学生に動作をさせてもよい。

タスク例　「小林さんは立っていますか」

　指示された人物が絵の中のどの人物かを、「〜さんは〜ていますか」「はい／いいえ」で答えるQ＆Aをして探すというタスク（巻末教材12 P.223参照）。

　さまざまな人が乗り合わせている電車内の絵を2枚一組みで用意する。乗客の半数については名前がわかるようになっており、残り半数については、名前はわかっているが、それがどの人かはわからないようになっている。学習者はペアで、それぞれの絵を見ながらお互いに相手に質問し、その人を探し出していく。

会話例
　　Ａ：小林さんは立っていますか。
　　Ｂ：いいえ。
　　Ａ：本を読んでいますか。
　　Ｂ：はい。
　　Ａ：めがねをかけていますか。
　　Ｂ：はい。
　　（以下略）

注：「〜さんは何をしていますか」という質問をすると、すぐに答が出てしまうので、「何を」を使った質問はさせないよう注意する。

教師は体ごと教材！？

　とにかく初級で教えるということは肉体労働です！　身振り手振り、パントマイム、百面相、七色の声…。そして持ちものだって着ているものだって教材になってしまいます。「財布の中に〜」と言って自分の財布を取り出し、お金のかわりにいっぱいつまったレシートを見せ、「お金はありません」と笑いを誘ってもいいですね。また、着脱の動詞「〜を着て／はいています」を教えるときには、インパクトの強い格好で、また、脱ぎ着もできるように重ね着ルックででかけましょう。学習者もまきこんで、めがねをかけたり外したり、ネクタイをしめたりとったりと、協力してもらいます。

ない形

 文型

1．動詞の「ない形」：行かない、食べない、しない
2．ここでたばこを吸わないでください。
3．朝ごはんを食べないで、学校へ来ました。
4．ここは駐車禁止ですから、車を止めないでください。
5．どうして朝ごはんを食べませんでしたか。

 文法知識の整理

　禁止の依頼表現である「〜ないでください」に使われる「〜ない」の形を「ない形」という。「ない形」を使って文を接続すると、「〜ないで、〜」となり、付帯状況(例：「辞書を見ないで作文を書きました」)や、二者択一(例：「今日は出かけないで家にいます」)の意味になる。これに似たような文型として、「〜なくて、〜」があるが、「なくて」を使うと原因や理由の意味を表すことになるので、両者は区別する必要がある(例：「先生の説明がわからなくて、困りました」)。「ない形」はまた義務(例：「宿題を出さなければなりません」「宿題を出さなくてはいけません」)や、不必要(例：「あした来なくてもいいです」)、助言(例：「お酒を飲まないほうがいいです」)などの表現にも使われる。

　「ない形」の作り方の導入は、「て形」のときと同じように動詞のグループ別にする。

「ない形」の作り方

五段動詞	「ます形」の「ます」をとった形の最後の音を「あ段」に変えて「ない」をつける。　書きます→書かない
一段動詞	「ます形」の「ます」をとって「ない」をつける。 食べます→食べない
不規則動詞	します→しない　　きます→こない

 教え方の例

［1］「ない形」の導入

　動詞の「ない形」の作り方を板書しながら丁寧に導入する。特に五段動詞の場合は、教室に貼ってある**五十音表**なども使い、「あ段」の音に変わることを印象づける。次に、**動作の絵カードやフラッシュカード**を使って、「ない形」をどんどん言わせる練習をする。

［2］「～ないでください」の導入

　「ない形」がスムーズに言えるようになったら、「～ないでください」を導入する。たばこを吸っている人の絵カードを用意する。

T：＜たばこを吸っている人の絵カードを見せて＞この人は、何をしていますか。

L：たばこを吸っています。

T：そうですね。たばこを吸っていますね。ここは**教室**です。たばこは困りますね。＜ここで絵の中の人物に話しかけるようにしながら＞ここでたばこを吸わないでください。＜もう一度ゆっくり＞たばこを吸・わ・な・い・でください。

L：＜リピート＞たばこを吸わないでください。

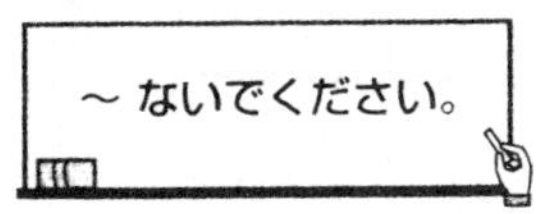

13

な
い
形

　同様に、教室でしてはいけないような動作(アイスクリームを食べる、大きい声で歌を歌うなど)の絵カードを見せて、「〜ないでください」を使って言う練習をする。続けて、教室以外の場面にも広げていろいろな文を作らせる(例:「美術館で写真をとらないでください」「図書館の中で大きい声で話さないでください」「電車の中で電話をかけないでください」など)。

注.「ない形」を練習するときには、初めは動詞のグループ別に、次にグループを交ぜてすること。また同時に「て形」の復習もするとよい。

[3]「〜ないで、〜」の導入

　初めに「て形」を使って文を接続する形を復習する。動作を表す絵カードを2枚並べて見せ、「〜て、〜」の文をいろいろ言わせる(例:「朝起きて、コーヒーを飲みました」「朝ごはんを食べて、新聞を読みました」など)。

T：＜食べている人物の絵カードを見せて＞Aさんは今日、朝ごはんを食べましたか。

A：はい、食べました。

T：朝ごはんを食べて……＜と言いながら、教室風景の絵カードを見せ、文を続けるように促す＞

A：朝ごはんを食べて、学校へ来ました。

T：そうですか。Bさんはどうですか。朝ごはんを食べて、学校へ来ましたか。

B：いいえ、……

T：朝ごはんを食べませんでしたか。Bさんは朝ごはんを食べないで、学校へ来ました。＜もう一度ゆっくり＞Bさんは朝ごはんをた・べ・な・い・で、学校へ来ました。

L：＜リピート＞Bさんは朝ごはんを食べないで、学校へ来ました。

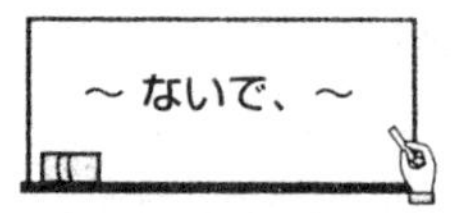

　同様に、いろいろな動作の絵カードを見せ、「〜ないで、学校へ来ました」という文で練習させる(例:「宿題をしないで学校へ来ました」)。絵カードにないことでも、自由にいろいろ考えさせて言わせるとおもしろい。

　注．テキストによっては、「〜ないで、〜」について、付帯状況と二者択一を区別
　　　して導入するようになっているので、教師は例文の意味の違いを整理しておく
　　　必要がある。

活動例　「右手を上げてください」

　「〜てください」「〜ないでください」「〜ないで、〜てください」などを
使って、クラス全体に動作の指示を出し、だれが最後まで間違えないで指示
どおりにできるか、というゲーム。

　教師は学習者に「みなさん、立ってください」「右手を上げてください」
「右手を下げないで、左手を上げてください」「上を見て座ってください」
「立たないでください」のように、次々と指示を出す。間違えて動作をした
人は席に座る。指示は、初め教師がモデルを示したあと、学習者にも順番に
出させるとよい。

[4] 理由を表す「から」の導入

　「〜てください」「〜ないでください」などの文型は理由を伴って使われる
ことが多いので、ここで**理由の「から」を使った文を導入する**。駐車禁止の
標識が出ている道路に車を止めている人の絵カードを用意する。

Ｔ：＜駐車禁止の標識を指しながら＞これは何ですか。どんな意味ですか。
Ｌ：＜口々に知っている表現で＞車を止めます。……だめです。……車を
　　止めないでください。……

T：そうですね。これは**駐車禁止**のマークです。＜絵の中の人物に話しか
けるように＞**すみません**が、ここは**駐車禁止**ですから、**車を止めな
いでください**。＜と言って板書し、「から」の部分に注目させ、もう一度繰
り返す＞ここは**駐車禁止**ですから、**車を止めないでください**。
L：＜リピート＞ここは**駐車禁止**ですから、**車を止めないでください**。

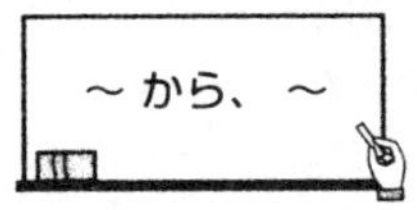

　同様に、川で泳いでいる人の絵カード、駅のホームでたばこを吸っている
人の絵カードなどを見せ、「〜ですから、〜ないでください」の形で文を作
らせる（例：「あぶないですから、ここで泳がないでください」「ホームは禁
煙ですから、たばこを吸わないでください」など）。

　次に、「今日はいい天気ですから、散歩に行きましょう」「時間がありませ
んから早く書いてください」のように、既習の表現と「から」を組み合わせ
た文を提示し、学習者にも同じように文を作らせる。このとき、文の前半ま
たは後半を出しておくと作りやすい（例：「今、勉強していますから、〜」
「〜から、大変です」など）。

注．「〜から」は、ここでは「です・ますの形」に接続することを教える。「病気か
　　ら、学校へ行きません」のような誤用が多いので注意する。

［5］「どうして／なぜ」の導入

T：＜「朝ごはんを食べないで、学校へ来ました」と言った学習者Bのほうを向いて＞B
さんは、今日、朝ごはんを食べないで、学校へ来ましたね。
B：あ、はい。**食べないで来ました**。
T：＜ここで、教師は「？」マークを出し、首をかしげながら＞**どうしてですか**。
どうして、朝ごはんを食べませんでしたか。時間がありませんで
したか。朝、おなかがすいていませんでしたか。＜と、考えられる理
由をいくつか出して反応を見る＞
B：あのう、今日は、ちょっと遅く起きました。それで……時間があ
りませんでした。

　Ｔ：ああ、そうですか。時間がありませんでしたから、朝ごはんを食
　　べませんでした。
　Ｌ：＜リピート＞時間がありませんでしたから、朝ごはんを食べません
　　でした。

　食べないで来たという学習者がほかにいれば、続けて、同じように「どう
して」を使って聞く。

注１．「どうして」の代わりに「なぜ」も使えることを教える。
注２．「どうしてですか」と短い形で聞いたら、答えるときは全文を言わずに「時
　　　間がありませんでしたから」と短く答えることを教える。

ロールプレイ　　「アパートの大家さんと」

　アパートの大家さんと部屋を借りる人が、アパートのいろいろな決まりや
注意することについて話す、という設定のロールプレイ（コラムP.153参照）。
　学習者はペアになり、それぞれ「大家さん」と「学生」のロールカード
（巻末教材13 P.224参照）を見ながら、会話を進める。このとき、理由の「か
ら」や「～てください」「～ないでください」などの文型を使うように指導
する。また、必要な語彙や表現なども板書したりして出しておくとよい。

会話例　　（Ａ：大家、Ｂ：学生）

　Ａ：はい、これがカギです。２つしかありませんから、なくさないで
　　 くださいね。
　Ｂ：はい、わかりました。ええと、ここに駐車場はありますか。
　Ａ：いいえ、ここにはありません。駅の近くにありますよ。アパート
　　の前の道はせまいですから、車を止めないでくださいね。
　Ｂ：あ、はい。わかりました。あのう、ゴミはいつ出しますか。
　Ａ：燃えるゴミは月・水・土で、燃えないゴミは木曜日です。ゴミは
　　外のカゴの中に入れてください。ネコが来ますから。
　Ｂ：わかりました。
　Ａ：それから、夜遅く、友達と大きい声で話さないでくださいね。と
　　なりの人にめいわくですから。
　Ｂ：はい、気をつけます。

第14課

辞書形

 文型

1．動詞の「辞書形」：行く、食べる、する
2．歌を歌う<u>こと</u>は楽しい<u>です</u>。
3．わたしの趣味<u>は</u>歌を歌う<u>こと</u>です。
4．掃除をする<u>ことがあります</u>。
5．漢字を読む<u>ことができます</u>。

 文法知識の整理

　日本語教育では動詞の**辞書に出ている形**を辞書形と呼ぶ。学習者は辞書形を習って初めて辞書を引けるようになる。辞書形を教えるときは、「て形」で行ったように、動詞を五段動詞、一段動詞、不規則動詞に分類して導入する。

五段動詞	「ます形」の「ます」をとった形の最後の音を「う段」に変える かきます→かく　よみます→よむ
一段動詞	「ます形」の「ます」をとって「る」をつける みます→みる
不規則動詞	します→する　　きます→くる

　辞書形は**形式名詞**「こと」などに付いてさまざまな文型をつくるが、今回はその一部を提出する(形式名詞とは「はず・もの・ほう」などのようにそれだけで独立して使われることの少ない名詞をさす)。

　初級で扱う**可能表現**には**可能動詞**を使うもの(19課)と「ことができる」が

ある。「ことができる」は辞書形を覚えれば使えるので学習者にとって容易である。これらの可能表現は、人の**能力**について述べる場合（例：「中国語を話すことができます」）にも、**状況・条件**について述べる場合（例：「山の上では夏でもスキーができます」）にも使えるが、言語によってはこれらを異なる表現で区別して使用しているので、教える側としては整理して提出することが必要である。「ことができる」は**許可や規則**（例：「ここではたばこを吸うことはできません」）に使われることが多い。

 ## 教え方の例

[1]〔動詞の辞書形〕の導入

T：日本語はむずかしいですか。やさしいですか。
L：＜口々に＞やさしいです。……むずかしいです。……
T：日本語を**話します。読みます。聞きます。書きます。**
　　むずかしいですか。やさしいですか。
L：＜口々に＞話します。……やさしいです。漢字、むずかしいです。
　　……
T：そうですね。話すことはやさしいです。
　　漢字を読むことはむずかしいです。＜と言って下のように板書する＞

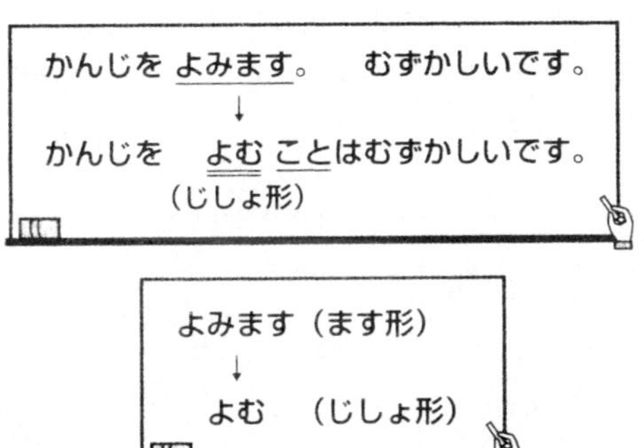

　以上のように辞書形の使い方の一つを紹介したあと、辞書形の作り方を導入する。「て形」と同じような手順で、活用形別に**一段動詞、五段動詞、不規則動詞**の順に教える。五段動詞の「ます形」の「ます」の前の音は「い段」

だが、辞書形は全部「う段」になるということを、五十音図を使って視覚的に整理しながら導入すると、学習者の記憶に残り、定着しやすい。

注. 辞書形を教えるときには、実際に辞書や電子辞書を引かせてみるとよい。

［2］「〔辞書形〕ことは～です」の導入と練習

［1］の板書を使って、「辞書形＋ことは～です」の文型を導入したあと、練習に入るが、その前に、必要な形容詞(主に感情形容詞)を絵カードによって導入し定着させておく。楽しい、うれしい、おもしろい、すばらしい、つまらない、悲しい、さびしい、苦しい、楽な、大変な、など。

> T：歌を歌います。＜流行の歌をちょっと口ずさんでみせて＞楽しいですか。
> 　　歌を歌うことは……＜と、［1］で使った板書を指して促す＞
> L：歌を歌うことは楽しいです。＜2、3の例で練習させたあと＞
> T：コンピューターゲームをします。＜と、再び［1］で使った板書を指して、促す＞おもしろいですか。つまらないですか。
> L：コンピューターゲームをすることはおもしろいです。
> T：友達と話します。楽しいですか……＜学習者の表情を見て促す＞
> L：友達と話すことは楽しいです。
> T：友達に手紙をもらいます……
> L：友達に手紙をもらうことはうれしいです。
> T：＜などのように、教師は学習者の力に応じてヒントを出し、学習者が既習の語彙を使って文を作るのを助ける＞

　次に「〔辞書形〕ことは〜です」の動詞と形容詞の部分を空白にして学習者に自由に言わせる。このとき、黒板の左側に既習の動詞の絵を貼り、右側に学習者が思いつく形容詞を書かせておく。十分に**語彙**のサポートをすることが、学習者の発話を多くするコツである。

注．この文型の場合、「こと」の代わりに「の」でも言い換えられるので、余裕のあるクラスでは提示する。

［3］「〜は〔辞書形〕ことです」の導入

　Ｔ：Ａさんの趣味は何ですか。
　Ａ：カラオケです。
　Ｔ：そうですか。Ａさんの趣味はカラオケです。歌うことですね。
　　　Ａさんの趣味は歌うことです。＜1枚に趣味のたくさんかかれている絵カードを見せて＞Ｂさんの趣味は何ですか。
　Ｂ：わたしの趣味は写真をとることです。
　Ｔ：＜と、次々にチェーンドリルで隣の学習者に質問させ、「〜は〔辞書形〕ことです」の形を練習する＞

　ドリルをしている間に、必要があれば趣味を表す語彙を教える。切手を集める、ギターを弾く、写真を撮る、など。

［4］「〔辞書形〕ことがあります」の導入

　この文型は、ふだんとは少し違うことや例外的なことを言う場合に使うことを理解させるように導入するのがポイントである。事前に、いつも、時々、などの副詞を教えておく。

　Ｔ：タンさんの部屋です。＜散らかった部屋の絵を見せて＞どんな部屋ですか。
　Ｌ：＜口々に＞きたないです。……きたな〜い。……

T：タンさんは掃除をしません。掃除が嫌いです……が、時々、掃除
　　をします。掃除をすることがあります。
L：＜リピート＞掃除をすることがあります。
T：どんなときですか。＜カレンダーの日付を指しながら＞日曜日にガール
　　フレンドが遊びに来ます。土曜日に掃除をします。タンさんはい
　　つもは掃除をしませんが、時々、掃除をすることがあります。＜リ
　　ピートを促す＞
L：掃除をすることがあります。

　口慣らし練習のあと「いつも○○しますが、時々△△することもあります」
の形も教え、学習者の習慣や時々することなどについて言わせる。
　　例：いつも紅茶を飲みますが、時々コーヒーを飲むこともあります。
　　　　いつも歩いて行きますが、バスで行くこともあります。
　　　　いつもうちで食べますが、レストランで食事をすることもあります。

注．「〔辞書形〕ことがあります」が定着したら、「〔ない形〕ことがあります」の文型
　　もあることを教え、練習する。

[5]「〔辞書形〕ことができます」の導入

　T：Cさん、ここへ来て、カタカナで名前を書いてください。＜Cが黒
　　　板に書いたら＞Cさん、どうもありがとう。Cさんはカタカナを書
　　　くことができます。
　T：Dさん、読んでください。＜DがCの書いたかたかなを読んだら＞Dさん
　　　はカタカナを読むことができます。
　T：Eさん「ありがとう」は何ですか。タイ語で書いてください。＜E
　　　が書いたら＞Eさんはタイ語を書くことができます。でも、わたし
　　　は……＜わからない、という顔をして、困った様子で＞わたしはタイ語を読
　　　むことができません。

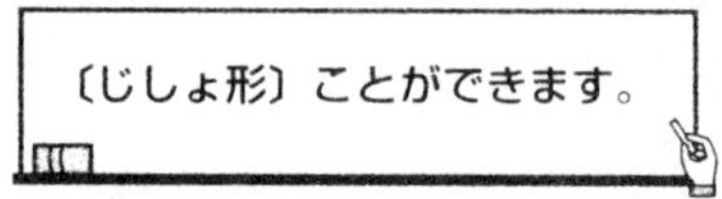

　「できます」の意味がわかったら、学習者の母語や特技について既習の動

詞を使って質問をしたり、自慢をさせたりして、練習させる。スポーツ、運転、楽器、コンピューター、各国料理などと話題を広げる。

「する」のつく動詞は「運転ができます」「運転できます」のように「〜できます」だけでも言えること、「を」は「が」になることも教える。

次に「このホテルではテニスができます」（状況・条件）、「図書館の辞書を借りることはできません」「子どもはお酒を飲むことはできません」（規則・許可）などの言い方を練習させる。

タスク例　「あなたはどちら」

どちらが好きか友達に質問し、発表するタスク。

下のようなタスクシート（巻末教材14 P.225参照）を用意する。学習者はまず「わたし」の欄に、自分はどちらか、印をつける。書いた紙は手に持たずにいつも机の上に残しておく。次に「辞書形＋ことがすきですか」（板書しておく）を使ってクラスメートに質問する。このとき学習者は互いに聞き合うために、質問を覚えて、立って聞きに行き、答えも覚えておいて机に戻って書き込む。結果が出たら、それぞれ発表させる。このような活動をするときは、全体の活動に入る前に、教師がやってみせたり皆で例をやったりして、やり方をよく皆に徹底する。

発表例：わたしはスポーツをすることが好きです。
　　　　　ジムさんはスポーツを見ることが好きです。

タスクシート記入例

あなたはどちらが好きですか。 なまえ＿＿＿＿＿		わたし	友だちのなまえ
1 スポーツを	a します。	○	
	b 見ます。		リン ジム
2 りょうりを	a つくります。		リン
	b 食べます。	○	

第15課

た形

 文型

1. 歌舞伎を見<u>たことがあります</u>。
2-1. 勉強をし<u>たあとで</u>、テレビを見ます。
2-2. テレビを見る<u>まえに</u>、勉強をします。
3. 日曜日には、本を読<u>んだり</u>、散歩を<u>したりします</u>。
4. 時計をし<u>たまま</u>泳いでいます。
5. かさを持って行っ<u>たほうがいいですよ</u>。

 文法知識の整理

　「見たことがあります」の「見た」という形を「**た形**」と呼ぶ。「た形」は、「きのう、デパートへ買いものに行った」という文では**過去の出来事**を表すが、「もう食べた？」に対し「まだ食べていない」と答える場合には、「食べた」は完了を表す。

　「た形」を使った文型には、**過去の経験**を表す「～たことがある」や、2つの動作の前後関係を表す「～たあとで」、助詞を表す「～たほうがいい」、状態の持続を表す「～たまま」などがある。また、並列を表す「～たり、～たりする」などのように、過去・完了の意味を持たない「た形」の文型もある（仮定や予定行動を表す「～たら」は22課参照）。

　「た形」の作り方は動詞「て形」の「て」を「た」に変化させるだけなので、「て形」が定着していれば問題はない。

 教え方の例

[1]「〜たことがあります」の導入

　文を導入する前に、「た形」の作り方を説明し、フラッシュカードや絵カードでよく練習する。また、歌舞伎や相撲など、日本の伝統的なものを表す写真などを用意しておく。

> **T**：＜写真を1枚ずつ見せ、問いかける＞知っていますか。見ましたか。
>
> **L**：＜口々に＞知りません。……知っています。……見ました。……
>
> **T**：＜歌舞伎を見た、と答えた学習者Aを指して＞Aさんは歌舞伎を見ました。見たことがあります。Aさんは歌舞伎を見たことがあります。
>
> **L**：＜リピート＞Aさんは歌舞伎を見たことがあります。
>
> **T**：＜歌舞伎を見ていないと答えた学習者Bを指して＞Bさんは歌舞伎を見たことがありません。
>
> **L**：＜リピート＞Bさんは歌舞伎を見たことがありません。

　同じ要領で、「た形」を使って経験を表す文をいくつか例示する。

　さらに、スポーツや食べものに話題を広げ、いろいろな動詞で練習する。学習者の国での珍しい生活習慣や体験を話させたり、質問し合ったりさせると、活発な教室活動になる（例：「ラブレターを書いたことがありますか」「わたしの国では蛇を食べますが、キムさんは食べたことがありますか」など）。

注1．「見ました」と「見たことがあります」の違いがはっきりわかるように、場合によっては学習者の母語で意味（experienceなど）を示すことも必要。
注2．「〜たことがあります」の文は（「先月京都に行ったことがあります」のように）特定の過去の一時点を表す言葉とともには使いにくいことに注意。また「テレビを見た」のような、当たり前のことについては「〜たことがある」とは言わないことも教える。

[２]「〜たあとで」と「〔辞書形〕まえに」の導入

　いろいろな動作の絵カードを用意しておく。勉強している人の絵、テレビを見ている人の絵を黒板に並べて置く。

　　T：＜勉強の絵とテレビの絵の間に矢印を書き、学習者からの発話を待つ＞リンさんです。リンさんは……
　　L：＜絵を見て＞リンさんは勉強をしてからテレビを見ます。
　　T：そうですね。勉強をしてからテレビを見ます。勉強をしたあとで、テレビを見ます。これも同じ意味です。リンさんは勉強をしたあとで、テレビを見ます。
　　L：＜リピート＞リンさんは勉強をしたあとで、テレビを見ます。

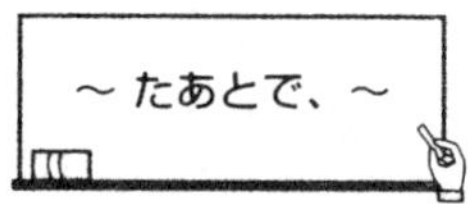

　同様に、場面を変えて２枚ずつ何組みかの絵カードを提示して、学習者に次々と言わせる。

注．厳密にいうと、「〜てから」のほうには「〜たあとで」より時間的に接近した動作が相次いで起こるという意味があるが、初級段階では意味的な違いは問題にしなくてよい。

　このあとで、「〔辞書形〕まえに」を導入する。上の「〜たあとで」の導入で使った場面が、「テレビを見る前に、勉強をします」とも言えることを教える。ただし、前後を入れ替えると不自然な日本語になるものもあるので、練習は「〜たあとで」と「〜まえに」を入れ替えても同じ意味になるものに限定する（例：「食事をしたあとで、コーヒーを飲みます」はいいが、「コーヒーを飲む前に、食事をします」は不自然な文である）。

［3］「〜たり、〜たりします」の導入

　カレンダーと動作を表す絵カードを何枚か用意し、まず教師が自分自身の生活について話す（例：「わたしは月曜日から金曜日まで日本語を教えています。土曜日と日曜日は休みです。昨日は日曜日でした。わたしは本を読んだり、音楽を聞いたりしました。わたしは日曜日にいつも本を読んだり、音楽を聞いたりします」）。次に絵カードを2枚ずつ掲げて、「〜たり、〜たりします」の形の練習をし、学習者自身についても休日の過ごし方を話させる。

注．ここでは「本を読んだり読まなかったり」や「開けたり閉めたり」のような例
　　は出さずに、あくまでも並列関係にある例示にとどめる。

［4］「〜たまま」の導入

　プールで何人かの人が泳いでいる場面の絵を用意する。腕時計やイヤリングをしたまま、帽子をかぶったまま、服を着たままの人物もかく。

T：＜絵を見せ、ひと通り既出の表現を使って描写させたあと、腕時計をしている人物に
　　注目させる＞この人は？＜と時計を指して＞

L：その人は時計をしています。

T：そうですね。時計をしています。でも、泳いでいますね。時計は
　　だいじょうぶでしょうか。＜ゆっくり、はっきりと＞この人は時計を
　　したまま、泳いでいます。＜もう一度、普通のスピードで＞**時計をした**
　　まま、泳いでいます。

L：＜リピート＞**時計をしたまま、泳いでいます。**

T：＜次にイヤリングをした人物や服を着た人物について言わせる＞

　さらに、場面を変えて(帽子をかぶったまま風呂に入る、靴をはいたまま家の中に入る、など)発話練習を行う。
　「時計のまま」や「イヤリングのまま」は言えないが、「パジャマのまま食事をする」や「靴のまま家に入る」のように「〔名詞〕のまま」で言えるものもあることを教える。

注.「〜まま」を使うときは普通ではない状況であり、もしそれが当たり前のことなら「〜て、〜」の言い方をすることを教える。

[5]「〜たほうがいいです」の導入
　導入用の絵(はっきりしない空模様の中、外出するキムさんをが傘を持っていこうかどうしようか悩んでいる様子)を見せ、まず既習表現で描写させる。

T：キムさんは傘を持って行きますか。行きませんか。どちらがいい
　　ですか。
L：持って行きます。
T：どうして？
L：雨が降りますから。
T：そうですね。じゃ、キムさんにアドバイスしましょう。キムさん
　　……

L：キムさん、**傘を持って行ってください。**

T：はい、そうですね。このとき言います。キムさん、**傘を持って行**
　　ったほうがいいですよ。持って行ったほうがいいです。これは
　　アドバイスの言葉です。

L：＜リピート＞キムさん、**傘を持って行ったほうがいいですよ。**

注1．「〔辞書形〕ほうがいい」という言い方もあるが、「〜たほうがいい」のほうが
　　　一般的である。
注2．「〜ないほうがいい」についても、余裕があれば教えるとよい。

　　インタビュー　　「わたしの国を知っていますか」

「〜たことがありますか」の形を使った質問文でインタビューする。

　各学習者はタスクシートに自分の国名を入れたり、名詞や動詞を書いたり
して質問文を作る。シートができたら、何人かの人に聞いて、はい／いいえ
を書き込む。あとで、全員で発表する（巻末教材15 P.226参照）。

質問例

　1）　＿＿イタリア＿＿へ行ったことがありますか。
　　　（わたしの国）

　2）　＿イタリア＿の＿ピザ＿を＿食べ＿たことがありますか。
　　　　　　　（食べもの）

第16課

普通形（プレーンフォーム）

 文型

1．　その人は男の人<u>だと思います</u>。

2．　日曜日に箱根へ行く<u>と言いました</u>。

3．　日曜日はいい天気<u>だそうです</u>。

4-1．おいしい<u>かどうか</u>、わかりません。

4-2．図書館は<u>どこ</u>にある<u>か</u>、わかりません。

5．　あしたもたぶん、いい天気<u>でしょう</u>。

6．　ケリーさんは来ない<u>かもしれません</u>。

文法知識の整理

　「暑い、静かだ、休みだ、行く」のような、「〜と思う」などに接続する形を「普通形」または「プレーンフォーム」と呼ぶ。文中で普通形に接続する文型は初級の学習項目の中では、ここで取り上げるもののほかに、「〜ん／のです、〜つもりです、〜のに、〜ので」などがある。文末が「暑いです、静かです、休みです、行きます」のような「です・ます」の形か、普通形かは、発話の丁寧さの度合いにかかわることなので、これらの文をそれぞれ「です・ます体」、「普通体」と呼び、文体の違いとして区別する。

	現在肯定	現在否定	過去肯定	過去否定
動　詞	辞書形	〜ない	〜た	〜なかった
い形容詞	〜い	〜くない	〜かった	〜くなかった
な形容詞	〜だ＊	〜じゃない	〜だった	〜じゃなかった
名　詞	〜だ＊	〜じゃない	〜だった	〜じゃなかった

＊文型によっては「だ」を省略する

　ここでとりあげる「そう」は第三者から得た情報をほかに伝える**伝聞**の意味であり、何かの様子を見て言う「様態」の「そう」(例:「おいしそうです」「雨が降りそうです」)とは接続の形が異なる(23課参照)。

　「～でしょう、～かもしれません、～と思います」はいずれも**推測**の表現で、普通形に接続する。このうち、「～でしょう」はいくつか意味・用法があるが、推測の表現としては確信の度合いが強く(例:「あしたはたぶん雨が降るでしょう」)、「～かもしれません」はそのことが起こる可能性のあることを表す(例:「雨が降るかもしれませんから、傘を持って行きましょう」)。「～と思います」は**意見**として述べるときにも使う。

 ## 教え方の例

[1]「～と思います」の導入

　髪が短く、ジーンズをはいた、後ろから見ると男女・老若の別がわからない年配の女性の後ろ姿を表に、正面から見た姿を裏にかいた絵カードと、動詞「思う」の絵カードを用意する。

T：＜人物の後ろ姿の絵カードを見せて＞この人は女の人ですか。男の人ですか。

L：＜口々に＞男の人です。……女の人です。……わかりません。……

T：そうですね、わかりませんね。＜「思う」の絵カードを併せて見せて＞男の人だと思います。

L：＜リピート＞**男の人だと思います。**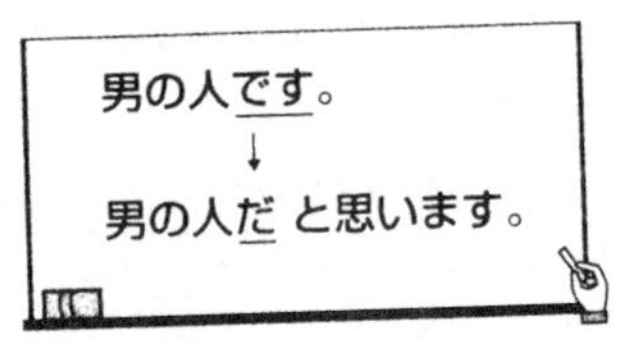

T：＜再び人物の絵カードで＞**若いと思いますか。若くないと思いますか。**

L：＜口々に＞**若いと思います。……若くないと思います。……**

　　＜教師は一人ずつ、2、3人に聞いて「〜と思います」の形で言わせたあと、人物の

　　　正面の絵を見せる＞

男の人<u>です</u>。
↓
男の人<u>だ</u> と思います。

　このあと、どんな人が住んでいるか想像できるような部屋の絵（巻末教材16 P.227参照）など、さまざまな情報があって、ものや人物について**想像できる絵を見**せ、ほかの品詞（動詞、い／な形容詞）や過去形（例：散らかった部屋の絵で「昨日、掃除をしなかったと思います」など）でも言えるように練習する。文型を品詞ごとにまとめ、整理して板書し、「と」の前は普通形であることも教える。

　変わった感触の食べもの、さまざまな形の石鹸や消しゴムなどを入れた袋に手を入れて、触ったものを**推測させ**、「〜と思います」と言わせたりするのも楽しい。日本の生活や仕事などの話題で意見や感想を**述べる練習**もする。

注1．学習者が「〜です／ますと思います」と言うような場合には、板書を指して「と思います」の前は普通形であることに**気づかせ**、**学習者自身が言い直す**ように導く。

注2．第三者が思っていることについて言うときは、「〜さんは〜と思っています」となるので注意する（例：「タノムさんは日本語が難しいと思っています」）

［2］「～と言います」の導入

絵カードで「言う」の意味を確認しておく。

> T：Aさんは今度の日曜日に何をしますか。
> A：友達と箱根へ行きます。
> T：そうですか。皆さん、Aさんは言いました。友達と箱根へ行きます。Aさんは、箱根へ行くと言いました。
> L：＜リピート＞Aさんは、箱根へ行くと言いました。

同じように、ほかの品詞でも練習する。［1］と同様に板書して整理し、「と」の前は普通形であることを教える。

注1．クラスによっては「『ありがとう』は～語で何と言いますか」という表現も教えるといい。
注2．「言いました」は言ったという事実を伝える表現であり、伝言のように、第三者の言葉を伝える場合には「言っています／言っていました」となる。

［3］「～そうです」(伝聞)の導入

天気予報の載っている新聞と、学習者になじみのある場所の数日分の天気をマークでわかりやすくかいた図を用意する。

	6（きん）	7（ど）	8（にち）	9（げつ）	10（か）
さっぽろ					
とうきょう					

> T：Aさんは日曜日に箱根へ行くと言いましたね。天気はどうでしょうか。Aさん、天気予報を見ましたか。
> A：いいえ。
> T：新聞に天気予報がありますから、見ましょう。＜新聞を見て＞ああ、だいじょうぶです。日曜日はいい天気だそうです。
> L：＜リピート＞日曜日はいい天気だそうです。

　このあと、「〜はあまり天気がよくないそうです」「〜は雨が降るそうです」などの例で、ほかの品詞でも言えるように練習し、「そう」の前は普通形であることを教える。また、**手紙の内容やほかの人から聞いた話**などを伝える場合でも使えることを示し、過去形（例：「Ｂさんは昨日、映画を見たそうです」）でも練習する。

　「そう」は**伝言ゲーム**でも練習できる。クラスを適当なグループに分け、ほかのメンバーには聞こえないように一人だけ情報を与え、「そう」を使って順番に伝えていき（例えば、教師が「私は蛇を食べたことがあります」と言ったら、学習者は「先生は蛇を食べたことがあるそうです」と隣の人に伝える）、最後まで早く正確に伝わったかどうかを競う。

［４］「〜かどうか」「〔疑問詞〕〜か」の導入

　テスト、人物、映画などの身近な話題で学習者と口頭でやりとりをしながら導入する。ここでは、あまり知られていないものを含め、料理の写真を数種類用意する。

Ｔ：＜よく知られた料理、例えば寿司などの写真を見せて＞**食べたことがあります**か。おいしいですか。

Ｌ：＜口々に＞**食べたことがあります**。……おいしいです。……おいしくないです。……

Ｔ：＜あまり知られていない料理の写真を見せて＞じゃ、これは？

Ｌ：＜口々に＞**食べたことがありません**。……わかりません。

Ｔ：わたしも食べたことがありません。この料理はおいしいですか、おいしくないですか。どちらですか、わかりませんね。おいしいかどうか、わかりません。

Ｌ：＜リピート＞おいしいかどうか、わかりません。

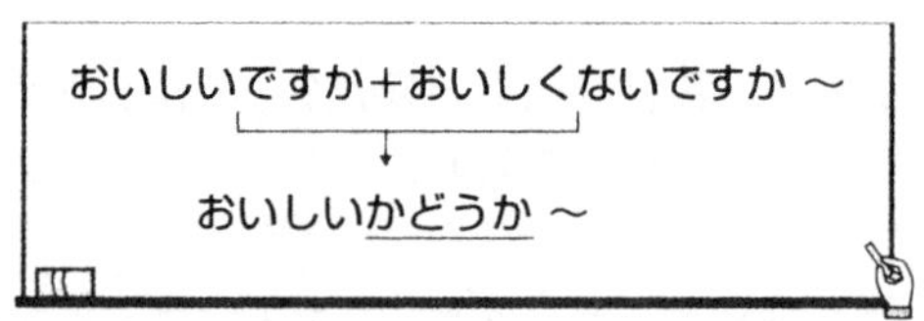

　同様に、ほかの品詞や過去のことについても練習し（例：「料理が上手かどうか〜」「この映画を見たかどうか〜」）、普通形に接続することを示す。初め

は「～かどうか、わかりません」の形で練習し、スムーズに言えるようにな
ったら、「おいしいかどうか、聞いてください」などのように、文の後半を変
えて練習する。

　次に、疑問詞のある形（例：「図書館はどこにあるか、わかりません」）を導
入する。その際、2つの形を混同し、「図書館はどこにあるかどうか、わかり
ません」と言う学生がいるので、板書を指して誤りに気づかせるなどして注
意する。練習の最後に二つの形を交ぜて練習するといい。

注．な形容詞・名詞（文）の現在形肯定の接続は「だ」がつく場合と、省略する場合
　　があるが（例：「元気（だ）かどうか」）、ここでは省略した形を教える。

［5］「～でしょう」の導入

　そのときの天気を話題にして、導入する。

　T：今日はいい天気ですね。昨日はどうでしたか。
　L：いい天気でした。
　T：ええ、そうですね。あしたは？
　L：いい天気だと思います。
　T：そうですね。毎日、いい天気ですから、あしたもたぶん、いい天気
　　　でしょう。
　L：＜リピート＞あしたもたぶん、いい天気でしょう。

　このあと、ほかの品詞や否定形でも練習し（例：「暑い／雨が降る／暑くな
い／雨は降らないでしょう」）、「～でしょう」が普通形に接続することを教
える。テレビの天気予報をビデオにとって見たり、音を消し、画面に合わせ
て予報を言わせたりしてもいい。

　なお、ここでは天気予報の表現として「～でしょう」を導入するが、「～
でしょう」は未来を表す表現ではなく、推測を表すことを教える。

注1．な形容詞・名詞（文）の現在形肯定の接続は「だ」がつかない（例：「雨でし
　　ょう」）ので注意する。
注2．「～でしょう」といっしょに使われることの多い「たぶん、きっと」なども
　　教える。

［6］「〜かもしれません」の導入

　欠席しているクラスの学習者など、身近な話題で導入する。

　　Ｔ：今日はケリーさんがいませんね。今日は休みでしょうか、来るで
　　　　しょうか……
　　Ａ：来ると思います。
　　Ｂ：来ないと思います。ケリーさんは忙しいと言っていました。
　　Ｔ：そうですか。ケリーさんはときどき休みますから、よくわかりま
　　　　せんね。来るかもしれません。来ないかもしれません。
　　Ｌ：＜リピート＞来ないかもしれません。

　同様に、ほかの品詞や過去形でも練習する。さらに、「雨が降るかもしれま
せんから……」「寒いかもしれませんから……」と文の前半を示し、「傘を持
って行きます」「セーターを持っていきます」と、後半を続けさせて練習する。

注.「〜でしょう」と同様、な形容詞・名詞（文）の現在形肯定の接続は「だ」がつ
　　かない（例：「あしたはいい天気かもしれません」）。

ディベート　「ホームステイ派？　アパート派？」

　あるテーマについて、それぞれ反対の立場からの意見を決まった時間内に
発表し、どちらが優勢かを競う、簡単なディベート。

　まずクラスをＡとＢの2グループに分ける。例えば「ホームステイとアパ
ートはどちらがいいか」というテーマで、Ａは「ホームステイ」派、Ｂは
「アパート」派の立場で意見を言う。各グループで数分間相談して意見をまと
め、Ａは「ホームステイのほうが日本人の生活がよくわかります。日本語
も練習することができると思います」、Ｂは「アパートでは好きな食べ物を
食べることができます。夜、遅く帰ってもかまいません。自由だと思います」
などと発表する。教師は黒板を2つに分け、出てきた意見をそれぞれグルー
プ別に簡単に書いていく。両グループの発表が終わったら、どちらのほうが
たくさん言えたか、内容や話し方がよかったか、教師、または教師と学習者
がいっしょに判定する。

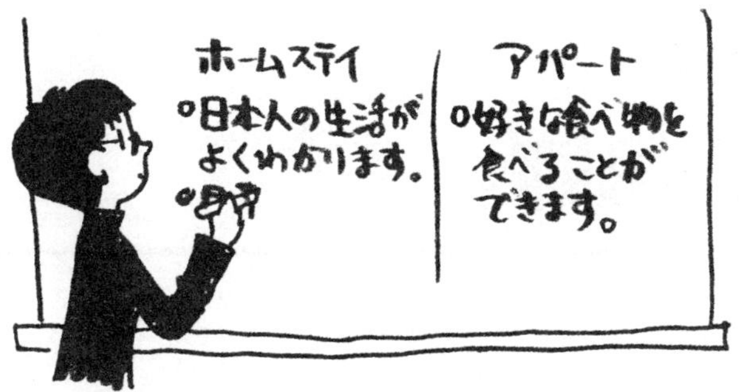

注1. 学習者のレベルが高く、また時間に余裕があれば、意見を発表したあと、さらに数分間で相手グループへの反論をまとめ（Aは「アパートの生活は自由ですが、寂しいです。料理も作らなければなりませんから大変だと思います」、Bは「友達がいますから、日本人の生活はわかります。アパートのほうが自由ですから、ホームステイよりいいと思います」など）、もう一度発表させる。

注2. この活動では今まで習ったさまざまな文型や語彙を使うことができる。学習者の発話を助けるために、どんな文型でどんなことが言えるか、活動の前にＱ＆Ａをして思い出させるようにする。そこで出た例文は板書しておくといい。

「私は来年結婚するでしょう」は正しい？

　あなたが自分で占いでもしない限り、こんな言い方をすることはありませんね。日本語では普通、話し手の意思的な行為には「私は来年結婚します／するつもりです／しようと思っています」などの表現を使います。「〜でしょう」は未来表現ではないことと、話し手の意志を表すことはできないことをしっかり教えましょう。

　「〜でしょう」は同情・ねぎらいの気持ちを示すのによく使われます（例：「大変だったでしょう。よく頑張りましたね」）。また、上昇イントネーションを伴って確認や同意を求めたり（例：「パーティーは6時からでしょう↗」「ええ、そうです」）、会話の切り出し（例：「あしたは休みでしょう↗映画を見に行きませんか」）にも使われます。丁寧に尋ねる場合は「〜でしょうか」（例：「帽子売場は何階でしょうか↘」）と言いますね。これらの用法は会話の表現として練習するといいでしょう。

第17課

名詞修飾

 文型

1.　これはスペインで買ったかばんです。

2.　これはロペスさんが買ったかばんです。

3.　ごはんを食べるとき、フォークを使います。

4.　はじめてさしみを食べたとき、おいしいと思いました。

5-1.　ねるとき、まどを閉めました。

5-2.　起きたとき、「おはよう」と言います。

 文法知識の整理

　　日本語の「**名詞修飾**」では、**修飾する言葉がいつも名詞の前にくる**。修飾語となる動詞は「普通形」（プレーンフォーム）となり、**従属節（修飾節）の中の主語につく助詞は「が」となる**。

　　「〜動詞1とき、〜動詞2」の文の時制を考える際には、ポイントが2つあることに注意する必要がある。**文全体の時制を表すのは動詞2である**。動詞1が現在形か過去形かは、**動詞2が起こった時を基準として完了か未完了か**、を表している。時間的に動詞2が動詞1の前であれば、動詞1は現在形となり（例1・例3）、動詞2が動詞1の後であれば、動詞1は過去形となる（例2・例4）。しかし、動詞の種類による違いもあり、一概には言えない。特に、移動動詞「行く」などは混乱を起こしやすいので、不用意に出さないよう注意する。

　　例1.　寝るとき、「おやすみなさい」と言います。（寝る前に言う）

　　　2.　起きたとき、「おはよう」と言います。　　　（起きた後で言う）

　　　3.　寝るとき、窓を閉めました。　　　（寝る前に閉めた）

4．起きたとき、窓を開けました。　　（起きた後で開けた）

 教え方の例

［1］〔名詞修飾〕の導入

　身近にあるものの中で適当なものを選んで話題にしながら、話しかける。

T：Aさん、いいかばんですね。
　どこで買いましたか。

A：これですか。スペインで買い
　ました。

T：そうですか。＜板書しながら、ゆ
　っくりと＞これは……かばんで
　す。これは……スペインで買
　った……かばんです。☞＜もう
　一度、普通のスピードで言う＞これ
　はスペインで買ったかばんで
　す。

L：＜リピート＞これはスペインで
　買ったかばんです。

T：＜自分のかばんを持って＞これはかばんです。これはタイで買いまし
　た。＜板書を指して促す＞

L：＜口々に＞タイで買ったかばん。……タイで買ったかばんです。
　……

T：そうです。これはタイで買ったかばんです。

T：＜板書した名詞の前の動詞のところを指して、説明する＞この**動詞**はいつも
　普通形(プレーンフォーム)です。

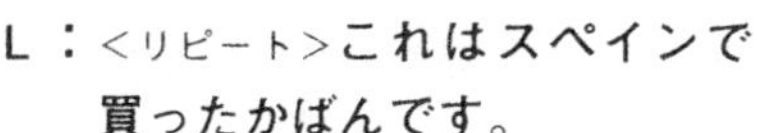
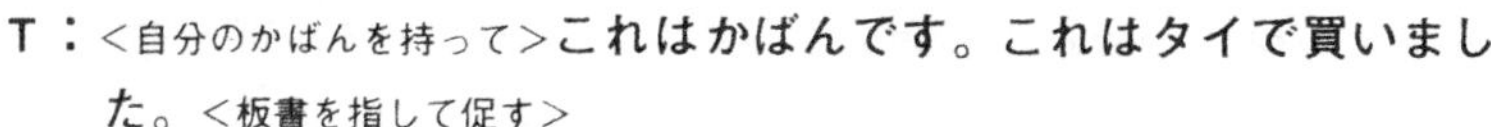

これは　　　　　　　　　　　　　　かばんです。
　　　　スペインで買いました。
　　　　　　　　↓
これは　スペインで買った　　　かばんです。

　学習者が理解したと確認できたら、学習者の持ちもの、写真などを指して、名詞修飾だけの練習をして定着させる。

　　例：写真です。富士山で撮りました。→富士山で撮った写真です。

　　　　手紙です。リーさんに出します。→リーさんに出す手紙です。

［２］〔名詞修飾〕の中の主語を表す「が」の導入

　Ｔ：＜再びＡさんのかばんを持って＞これはＡさんのかばんです。Ａさんが買いました。これはＡさんが買ったかばんです。

　　　＜板書の「は」を指して＞大きい文の主語です。

　　　＜「が」を指して＞小さい文の主語です。小さい文の主語は「が」です。＜などのように、学習者のわかる言葉で説明する＞

　　　＜学習者の電子辞書を指して＞これは……＜と促す＞

　Ｌ：これは……わたし……辞書を……秋葉原で買いました。

　Ｔ：これは……わたしが……＜と、板書を指して後を続けるように促す＞

　Ｌ：これは……わたしが……秋葉原で買った辞書です。

　Ｔ：そう。そうです。＜名詞修飾の中の主語の「が」が正しく使えたら、表情などでも大いに励ます＞

　Ｔ：きれいなペンですね。……これは……だれが……＜と止めて後を促す＞

　Ｌ：これは……妹が……買いました。これは……妹が買ったペンです。

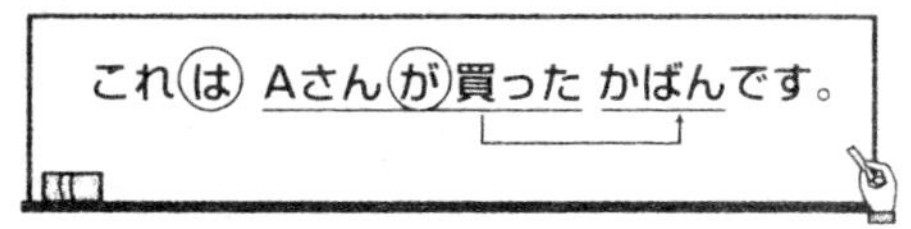

　このあと、主語、目的語、場所を表す言葉にも修飾語をつけられることを示し練習する。

　　例：きのう見た映画はおもしろかったです。

　　　　図書館で借りた本を読みます。

　　　　友達がアルバイトをしている店で中国料理を食べました。

［３］「〔現在形〕とき、～ます」の導入

　「動詞＋とき」を導入する前に、「名詞＋の＋とき」や「形容詞＋とき」の形を提示して慣れさせる。混乱を避けるため、初めは、文末も現在形のものに限って導入する。

　　Ｔ：病気のとき、どうしますか。病院に行きますか。病気のとき、
　　　　……病院に……＜促す＞
　　Ｌ：病気のとき、病院に行きます。
　　Ｔ：さびしいとき、どうしますか。手紙を書きますか。
　　Ｌ：さびしいとき、友達に電話をします。
　　Ｔ：では、……ごはんを食べるとき、何を使いますか。
　　Ｌ：ごはんを食べるとき、……フォークを使います。はしを……
　　Ｔ：ごはんを食べるとき、フォークを使います。では、言葉がわか
　　　　らないとき、どうしますか。
　　Ｌ：電子辞書を引きます。……辞書を引きます。……先生にききます。
　　Ｔ：言葉がわからないとき、辞書を引きます。

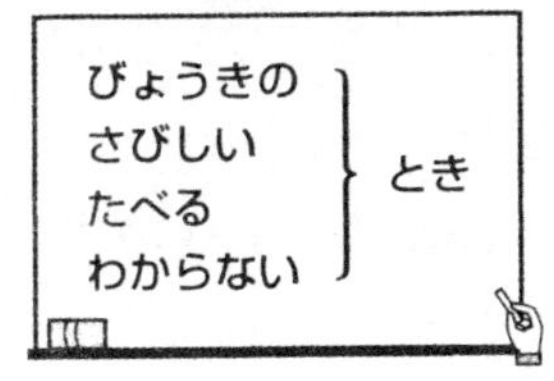

　そのあと、教師が文の前半を言い、学習者が後半を考えて文を完成させる練習をする。

注. 余裕のあるクラスでは、形容詞や名詞の否定形「～くないとき」「～じゃないとき」も示し練習する。

［４］「〔過去形〕とき、～ました」の導入

　　Ｔ：わたしは、おととしタイへ行きました。そのとき、はじめてドリ
　　　　アンを食べました。はじめて……ドリアンを食べたとき、まずい
　　　　と思いました。＜ゆっくりと＞Ａさん、はじめて、さしみを食べた
　　　　とき、どうでしたか。はじめて、さしみを食べたとき……＜と、
　　　　促す＞

　　A：はじめて、さしみを食べたとき、おいしいと思いました。

　　［３］と同様、教師が前半を言い、後半を完成させるというドリルにつなげていく。「朝、起きたとき」「国へ帰ったとき」「友達に会ったとき」など。

注．形容詞や名詞については「わたしが小さいとき／子どものとき」「わたしが小さかった／子どもだったとき」のように両者が使われるが「わたしが小さいとき／子どものとき」を使うことが多い。

［５］「〔現在形〕とき、〜ました」「〔過去形〕とき、〜ます」の導入
　　［３］［４］がマスターできたら、余裕のあるクラスでは、「とき」の前の動詞の時制と文末の時制が同じでないものも導入する。
　　例：ねるとき、まどを閉めました。
　　　　起きたとき、「おはよう」と言います。
　　また、理解力のあるクラスには、次のような例文を示して質問をするのも一つの方法であるが、動詞の種類によって違うので、混乱を避けるためには深入りしないほうがいい。
　　例：日本に来るとき、空港に友達が送りに来ました。　　どこの空港？
　　　　日本に来たとき、空港に友達が送りにきました。　　どこの空港？

　　　　　　　　タスク例　「なぞなぞ　これは何でしょう」

　　絵カードに書かれているものを、出題者が名詞修飾を使ったヒントを出してほかの人たちに当てさせるタスク（巻末教材17 P.228参照）。
　　学習者に１枚ずつ図のような絵カードを配る。なぞなぞの出題者は絵カードを見て、ヒントを言う。ヒントの言葉には必ず、名詞修飾「〜（する）もの／ところです」や「〜（する）とき〜します」などを使わなければならない。上手に名詞修飾を使ったヒントを言うことが大切である、と伝えておく。出題者以外の人たちは出題者とＱ＆Ａをしながら、それが何であるか当てる。
　　初めに「〜（する）もの／ところです」という言い方を教えておく。「〜するものです」や「〜するとき〜します」は板書しておく。２回くらい練習して、皆がやり方を理解してから行う。

出題例

出題者：音楽を聞くものです。
　　A：ステレオですか。
出題者：いいえ、歩いているときも、聞くことができるものです。
　　B：いつも、Cさんが持っているものですか。
　　C：ウォークマンですか。
出題者：ピンポーン。はい、そうです。

第18課
許可・禁止

 文型

1-1．本を見<u>てもいいですか</u>。

1-2．いいえ、見<u>てはいけません</u>。

2．　毎朝5時に起き<u>なければなりません</u>。

3．　土曜日は5時に起き<u>なくてもいいです</u>。

 文法知識の整理

　許可の表現「〜てもいいですか」は、**社会的なルール**としてそれが許されるかどうかというときと、**個人的な行為**として相手がそれを許可してくれるかどうかという2つの場合がある。ルールとして許される場合は「はい、いいです」とか「ええ、かまいません」などと答え、許されない場合には「いいえ、だめです」や「いいえ、〜てはいけません」という**禁止**の表現を用いる。

　一方、個人的にいいかどうか聞かれた場合、それが許可できるときは「ええ、どうぞ」などと答え、だめなときは「ちょっと**困ります**」とか「あの、ちょっと……」のように言葉を濁したり、**婉曲**な禁止表現の「〜ないでください」などを使ったりして答える。

　また、許可や禁止表現とともに初級で導入される文型として、「〜なければなりません」(**義務**)や、「〜なくてもいいです」(**不必要**)がある。許可、禁止、義務、不必要を表す文型を整理すると、以下のようになる。

許可	〜てもいいです	禁止	〜てはいけません
			〜ないでください
義務	〜なければなりません	不必要	〜なくてもいいです
	〜なくてはいけません		

 教え方の例

[1]「〜てもいいです」と「〜てはいけません」の導入

　　教室風景の絵カードを用意する（巻末教材18 P.229参照）。

T：＜絵カードを指し＞**今日はテストです。学生は本を見ます。いいですか。本を見てもいいですか。** ＜と、ゆっくり言って学習者にリピートさせる＞

L：＜リピート＞**本を見てもいいですか。**

T：**いいえ、**＜と、首を振りながら＞**だめですね。いけません。本を見てはいけません。**

L：**本を見てはいけません。**

T：**では、隣の人と話します。いいですか。隣の人と……**＜と言って板書した文型を指し、同じように言わせる＞

L：**隣の人と話してもいいですか。**

T：**いいえ、いけません。隣の人と……**＜と言って学習者に続けさせる＞

L：**隣の人と話してはいけません。**

　同様に「辞書を見る」「先生に聞く」「大きい声で読む」など、してはいけないと思われることについて、「〜てもいいですか」を使って聞かせ、「〜てはいけません」で答える。「消しゴムを使う」のように、してもいいことについては、「はい、いいです」「ええ、かまいません」などのように答える。

　次に、教室内でのいろいろな場面や、教室外のいろいろな場所（病院、図書館など）を設定し、していいことといけないことについて考えて言わせる。

注．禁止の表現は、交通標識や、「禁煙」「立ち入り禁止」、衣類の洗濯表示など、実生活でよく見かけるマークや標識を示し、どんな意味か言わせるとよい。

[2]「〜なければなりません」の導入

　会社員キムさんの絵カードを用意する。

T：キムさんは会社員です。仕事は8時からです。キムさんの家は遠いです。毎日6時に家を出ます。ですから、キムさんは毎朝5時に起きます。大変ですね。毎朝5時に、＜と言って、ややゆっくり＞起・き・な・け・れ・ば・なりません。☞

L：＜リピート＞毎朝5時に起きなければなりません。

T：では、みなさんは？　クラスは9時からですね。何時に起きなければなりませんか。

A：わたしは7時です。

T：＜板書した文型を指し、同じように言うよう促す＞7時に……

A：7時に起きなければなりません。

　「～なければなりません」の形は難しいので、既習の動詞で形が言えるように
なるまで、フラッシュカードや絵カードなどを使って、十分に口ならしを
する。形がスムーズに言えるようになったら、続けて、何時に家を出なけれ
ばならないか、学校や会社で何をしなければならないかなど、一日の生活の
中でしなければならないことについて話させる。

注.　義務・必要を表す文型として、「～なくてはいけません」もあること、また会
　　話ではしばしば「～なくちゃ（いけない）」「～なきゃ（ならない）」などの縮約
　　形が使われることも教えておくとよい。

［3］「～なくてもいいです」の導入

　T：＜カレンダーを見せながら＞キムさんは月曜日から金曜日まで会社へ行き
　　　ます。毎日5時に起きなければなりません。では、土曜日は？　土
　　　曜日は会社へ行きませんね。土曜日は5時に起きません。いいです。
　　　土曜日は5時に起・き・な・く・て・もいいです。＜と、ゆっくり言っ
　　　て学習者にもリピートするよう促す＞
　L：＜リピート＞土曜日は5時に起きなくてもいいです。
　T：土曜日は、会社へ……＜と言って、板書した文型を指し、続けさせる＞
　L：土曜日は、会社へ行かなくてもいいです。

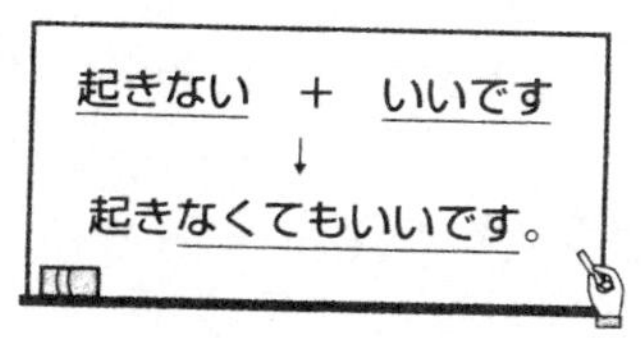

　同様に、いろいろな動詞について、絵カードなどを使って、「～なくても
いいです」の形が言えるよう、十分に練習したあと、学習者の一週間の生活
の中で、しなくてはいけないこと、しなくてもいいことを考えて、いろいろ
言わせる。このとき、1枚のシートに、いくつかの動作の絵が出ているもの
を渡して、それを見ながら言わせるとよい。

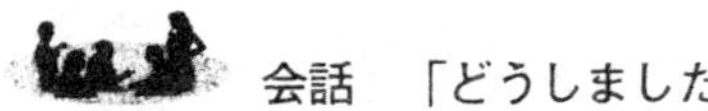 会話　「どうしましたか」

　学習者がペアになり、医者と患者という役割でする会話。患者になったほうは、どんな具合か、いつからかなどを言い、運動、飲酒、入浴などについて医者に**許可**を求めるようにし、医者役のほうはそれに答える。このとき、**禁止**、**許可**、**義務**などの文型と既習の文型を使うようにさせる。モデルとして、下のような会話例をプリントにして渡したり、テープに吹き込んだものを聞かせてもよい。また、会話に必要な、体の部分の名称や**病気**に関する表現なども、事前に教えておく。以下はその例。下線の部分を、学習者に考えさせて代入練習させてもよい。

会話例　　（Ａ：医者、Ｂ：患者）

Ａ：どうしましたか。
Ｂ：頭が少し痛いです。熱もあります。
Ａ：いつからですか。
Ｂ：きのうからです。
Ａ：じゃ、口を開けて……ああ、のどが赤いですね。かぜでしょう。
Ｂ：あのう、あした試験がありますから、学校へ行かなければなりません。行ってもいいでしょうか。
Ａ：そうですね。だいじょうぶでしょう。今晩くすりを飲んで、早く寝てください。
Ｂ：先生、おふろはどうですか。入ってもいいですか。
Ａ：おふろですか。おふろに入ってはいけませんよ。
Ｂ：はい、わかりました。
Ａ：じゃ、くすりをあげましょう。お大事に。
Ｂ：ありがとうございました。

まわりの人を巻き込もう

　日本語教師が教室の中で教えられることは限られています。

　学習者がまわりの日本人を先生としてどんどん巻き込んでいくように、教師の側からも仕掛けてみましょう。例えば、宿題として「まわりの日本人に質問しましょう」とか、「日本人にインタビューしましょう」とか、「日本人に直してもらってください」といったものを出してみましょう。普段は控え目で、まわりの日本人に日本語学習の話題を出すことを遠慮している学習者でも、宿題となれば、「日本語の宿題なんですけど……」と話し掛けるきっかけをつかむことができるかもしれません。

第19課

可能動詞

 文型

1. 「可能動詞」：行ける、食べられる、できる
2. 山田さんはピアノが弾けます。
3. 山の上ではスキーができます。
4. 黒板の字が見えます。
5. 車の音がします。
6. 子どもが歩いているのが見えます。

 文法知識の整理

　可能の表現は、14課の「～ことができます」以外に、「話せる、食べられる」のような**可能動詞**を使ったものがある。この場合も意味的には①**能力**と②**状況**（14課「文法知識の整理」参照）のほかに、③**特性・体質**：「にわとりは空を飛べません」、④**ものの状態**：「このペンはよく書けます」、⑤**許可・規則**：「図書館の本は5冊まで借りられます」などの使い分けがある。

　可能動詞という用語は従来、五段動詞の「読める、書ける」などと不規則動詞「する」に対する「できる」を指すものであったが、最近の日本語教育では、活用グループに関係なく動詞の可能の形を指す傾向が見られる。

可能動詞の作り方

五段動詞	「辞書形」の最後の音を「え段」に変えて「る」をつける。 飛ぶ→飛べる
一段動詞	「辞書形」の「る」をとって「られる」をつける。 食べる→食べられる
不規則動詞	する→できる　　くる→こられる

　また、「中国語を話す、中国語が話せる」のように、目的語を導く助詞「を」は「が」となる。

　「見える・聞こえる」のように、物や音が自然に目や耳に入ってくるという意味の自動詞を**知覚動詞**というが、これにも可能の意味が含まれている。他動詞の「見る・聞く」の可能動詞「見られる・聞ける」との使い分けは、意識的であるか否か、また、ある条件下で可能かどうかによる。「10時からテレビでサッカーの試合が見られます」では可能動詞を使い、「前に大きな人が座っているので、テレビがよく見えません」では知覚動詞を使う。しかし、状況によっては、「周りに高い建物ができたので、家から富士山が見えなくなってしまった／見られなくなってしまった」のようにどちらも使える場合がある。

　可能動詞も知覚動詞も、一段動詞と同様の活用をし、さまざまな形を持つ（例：「飛べない・飛べて・飛べれば、見えない・見えたら」など）。

 教え方の例

［1］〔可能動詞〕の導入

　「〜ことができる」が既習なら意味を捉えることは簡単であり、それを可能動詞で言い換えられることを教える。

> **T**：＜外国人がさしみを食べている絵を見せ＞**食べることができます、食べられます。同じです。**
> **L**：＜リピート＞**食べられます。**
> **T**：＜ピアノを弾いている絵を見せ＞**ピアノを弾くことができます、弾けます。**
> **L**：＜リピート＞**弾けます。**

　意味がつかめたら、可能動詞の作り方を板書しながら動詞のグループごとに導入し、絵カードやフラッシュカードでなめらかに言えるよう練習する。このとき、否定の形（食べられません、弾けません）も練習しておく。

［2］「〔可能動詞〕の文」（能力を表す場合）の導入

　［1］の練習で使用した絵カードを使って、動詞を文レベルで言わせる。

T：＜絵カードを見せながら＞山田さんですね。何をしていますか。

L：ピアノを弾いています。

T：そうですね。山田さんはピアノを弾いています。子どものときか
　　ら習っていますから、ピアノがじょうずです。ピアノが弾けます。
　　山田さんは……＜リピートを促して＞

L：山田さんはピアノが弾けます。

　このとき、目的語につく助詞「を」が「が」に変わることを板書で示す。
　練習に使う絵カードは、訓練や練習の結果そのような能力が身に付くとい
うものに限定する。単に「手紙が書けます」という文ではなく、「日本語で
手紙が書けます」のように、可能動詞を使うことに意味があるのだというこ
とがわかるような文で言わせる。
　このあと、学習者同士、可能動詞を使って質問し合い、肯定否定で答えら
れるよう練習させる（例：「日本の新聞が読めますか」「いいえ、まだ読めま
せん」など）。「まだ」や「ぜんぜん」「少し」などの副詞を使うと、より自
然な文となる。

［3］「〔可能動詞〕の文」（状況を表す場合）の導入

　山頂付近が雪でおおわれている絵とスキーをしている絵を用意する。

T：＜絵を示し＞わたしです。わたしはスキーが大好きです。いま夏で
　　すが、スキーをしたいですから、この山に来ました。＜山の裾野の
　　辺りを指し＞ここはどうですか。雪がありますか。

L：雪がありません。だめです。

T：そうですね。ここではスキーができません。でも、＜山の上を指
　　し＞ここはどうですか。

L：だいじょうぶ。できます。

T：そうですね。雪がありますから、山の上ではスキーができます。

L：＜リピート＞山の上ではスキーができます。

T：山の下では……＜文を続けさせて＞

L：山の下ではスキーができません。

　このほかに、川や湖の水が飲めるか飲めないか、水泳に適した海かどうか

などの例を出す。このとき、可能動詞の意味が、個人の能力には関係なく、安全性に問題があって飲料や水泳に適さないのだということをわからせる。

注. さらに、可能動詞を使って「図書館の本は5冊まで借りられます」のように、許可や規則を表す言い方も教える。

［4］〔知覚動詞〕「見えます・聞こえます」の導入

　教師が黒板に何かを書き、その前に立ちはだかって、学習者から見えないような状況を作る。

> T：＜学習者の、見ようとするが見えない様子を受けて＞**見えますか。……見えませんね。**＜次に体をよけて、学習者に見えるようにし＞**どうですか、見えますか、見えませんか。**＜とはっきり発音して尋ねる＞
>
> L：**見えます。**
>
> T：＜その声が出たら＞**はい、見えますね。**＜次にまた書いたものを見えなくして＞**どうですか。**
>
> L：**先生、見えません。……見えませーん。……**

　次に、教室の窓から（遠くや下方に）何が見えるか学習者といっしょに言い、「教室の窓から駅が／人が／赤いビルが見えます」などと、文で練習する。

　「聞こえる」については、テープレコーダーの音を小さくしたり大きくしたりして示す。また、隣室のほうに耳を澄ませ、「何か聞こえますか」「先生の声／テープが聞こえます」などと言う練習をする。

　「見える・聞こえる」と「見られる・聞ける」の違いについては、アイマスクや耳栓などで「見えない・聞こえない」状態を作りだし、前者の動詞が自然に知覚されるときに使われるものだということを理解させる。また、後者については、スポーツの国際試合などが、現地まで行かなくてもテレビ中継などで「見られる」こと、学校の食堂などのテレビがルールによって、昼休みしか「見られない」ことなど、ある一定の条件下で可能なときに使われることを例文で示して理解させる（例：「学校の食堂のテレビは昼休みしか見られません」など）。

［5］「〜がします」の導入

   T：＜学習者に目をつぶらせ、教室の窓を開け＞何が聞こえますか。
   L：車の音が聞こえます。電車の音が聞こえます。
   T：そうですね。そのとき、車の音がします、電車の音がします、
      と言います。

次に、いろいろな匂いのする消しゴムなどを使って、「これはいちご／コーラの匂いがします」という使い方を示してもよい。また、焼きたての香ばしいパンを見えないように袋に入れ、匂いをかがせ、「パンの匂いがします」「いい匂いがします」などと言わせる。

注．そのほかに、「レモンの味がします」「ざらざらします」などの言い方もあるが、
   この段階では音や声、匂いにとどめておく。

［6］「〔動詞文〕のが〜」の導入
  ［4］の「〜が見えます」の文で、「〜」の部分が動詞の場合の例を使って導入する。

   T：＜教室の窓を開けて＞何が見えますか。
   L：＜口々に＞ビルが見えます。……子どもが見えます。……
   T：子どもは何をしていますか。
   L：歩いています。
   T：そうですね。子どもが歩いています。見えます。この2つの文を1
      つにして言います。子どもが歩いているのが見えます。
   L：＜リピート＞子どもが歩いているのが見えます。

子どもが <u>あるいています</u>＋見えます。

↓

子どもが <u>あるいているの</u>が見えます。

　同様に、ほかに見えるものや聞こえるものを挙げて、「の」を使って2つの文を1つの文にする練習をし、板書で「の」の前は普通形であることを教える。この「の」を名詞化の「の」という。そのあとで、ほかの動詞文でも練習をする（例：「手紙を出すのを忘れました」「リンさんが帰国するのを知っていますか」など）。

注1．名詞化の「の」は、動詞文だけでなく、「電話をかけているのはオオタさんです」「漢字を覚えるのは難しい／おもしろいです」「ピアノを弾くのが上手／下手／好き／嫌いです」などのように、さまざまな文で使われるので、文型別に少しずつ教える。

注2．動詞を名詞化する「の」は「こと」と置き換えられる場合と、置き換えられない場合がある。「～のが見える／聞こえる」の「の」や、「電話をかけているのはオオタさんです」の「の」のように、実際の事物の代わりに使われる場合は置き換えることができない。また、「泳ぐことができる」や「富士山に登ったことがある」のように文型として決まっているものの「こと」も、「の」に置き換えることはできない。

タスク例　「お国では？」

　法律や規則、物価など、国によって違いがあることについて、学習者同士が質問し合うというタスク（巻末教材19 P.230参照）。

　いろいろな国からの学習者がそろっていれば、自分の国へ電話をした場合100円で何秒間話せるか、何歳からお酒が飲めるか、などをインタビュー形式で聞いて、タスクシートに書き込ませる。

自動詞・他動詞

 文型

1. マッチを消します。／マッチが消えます。
2. ドアが閉まっています。
3. くだものを買っておきます。
4. くだものが／を買ってあります。
5. おいしいかどうか、食べてみます。
6. しょうゆを買ってきます。

 文法知識の整理

　日本語の動詞には自動詞と他動詞がある。他動詞とは文字どおりほかに動作の影響が及ぶ動詞であり（書く、食べる、など）、影響を与える対象、つまり目的語は助詞「を」を伴う。これに対し、自動詞はほかとのかかわりに関係なく、動作が自己の内から発せられるもので、目的語は伴わない（行く、寝る、など）。

　動詞には、自動詞だけのもの、他動詞だけのもの、自動詞と他動詞がペアであるもの（消える－消す）、さらにわずかだが、一つの動詞が自動詞と他動詞の両方に使えるもの（終わる、閉じるなど）の4種類がある。

　また、「ある、いる、おく、みる」などが、その動詞本来の意味ではなく、ほかの動詞の「て形」とともに「～てある」のように使われるときは、それらを補助動詞と呼ぶ。動詞に補助動詞を伴った表現は、発話者が物事や現象をどう捉えているかという視点や見方を表す。このうち、「他動詞＋てある」には結果の状態の意味があり、「自動詞＋ている」には現在の状態を表す意味がある（「他動詞＋ている」の進行中または結果の状態を表すものは12課参

照）。言語によっては、自・他の対立をあまり意識しないものや、「ある／い
る」の使い分けをしないものもあるので、この項目は日本語学習者にとって
理解しにくいものの一つである。

 教え方の例

[１]〔自動詞〕・〔他動詞〕の導入

　自動詞・他動詞がペアになっているものの絵カードやフラッシュカード、
そしてマッチと灰皿を用意する。

> Ｔ：＜マッチを手にとり＞**マッチです。**＜と言って火をつける＞**マッチを消し
> ます。**＜と言って、マッチを吹き消す＞**マッチを消しました。先生は…**
> 　…＜と言って、学習者を促す＞
> Ｌ：**先生はマッチを消しました。**
> Ｔ：＜次にマッチをつけて、灰皿に置き、燃えつきるのを見守り、火が消えたら＞**先生
> はマッチを消しましたか。**
> Ｌ：**いいえ。**
> Ｔ：＜学習者が首を振るのを見て＞**消しませんでしたね。消・え・ました。
> マッチが消えました。**
> Ｌ：＜リピート＞**マッチが消えました。**

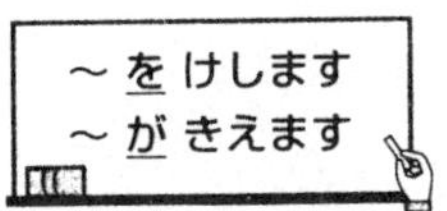

　次に、絵カードなどを使って、自・他がペアになっているほかの動詞を導
入し、練習する（例：「開ける－開く」、「閉める－閉まる」、「つける－つく」
など）。

注．自・他の違いを示すには、**意志的動作かそうではないかがはっきりわかるよう**
　　にかかれた絵カードを、自他のセットにして出すこと。

[２]「〜が〔自動詞〕ています」の導入

　学習者が理解しやすいような自動詞を使って教室の状態を言い表す。

T：暑いですね……＜教室の窓を指し＞あ、窓が・閉まって・います＜と
　　言いながら板書し、　　　　リピートを促す＞

L：＜リピート＞窓が閉まっています。

T：＜次に、教室のいろいろなものを指し＞ドアですね。ドアが……＜と続きを
　　学習者から引き出す＞

L：＜リピート＞ドアが閉まっています。

T：そうですね。電気が……

L：電気がついています。

まどが　しまっています。

　この段階では、**自動詞で表せるものに限って練習する**（例：わざとごみを
落としておいて、「ごみが落ちています」、あらかじめ電池を抜き取っておい
た目覚まし時計で「時計が止まっています」など）。

　次に、家や室内の様子をかいた絵カードを使って、**状態を言う練習をする**。
絵カードの縮小版も用意し、全体練習のあと、ペアで練習ができるようにす
るとよい。

注．VTRが使える場合は、地震や台風などの映像を利用すると効果的である
　　（例：「家が壊れています」、「木が倒れています」など）。

［3］「～を〔他動詞〕ておきます」の導入

T：＜キムさんの絵カードを見せ＞キムさんです。あした、キムさんのうち
　　でパーティーをします。ですから、今日、準備をします。買い
　　ものをします。掃除をします。料理をします。パーティーはあ
　　したですね。でも今日、買いものをします。しておきます……
　　買いものをしておきます。

L：＜リピート＞買いものをしておきます。

T：それから＜と言って、黒板の文字を指し、学習者の発話を待つ＞

L：掃除をしておきます……料理をしておきます。

～をしておきます。

　次に、テストや旅行、デートなどの準備にどんなことをするか、皆で考え
ながら、例文を挙げていく。さらに、グループに分けてアイデアを競わせて
もよい。

注．「準備」の意味を確認するため、場合によっては学習者の母語を調べておく。

[４]「～が〔他動詞〕てあります」の導入
　「～ておく」の練習が十分できたら、［３］のパーティーの話に戻り、買っ
た品物が冷蔵庫に入っている絵、パーティーの準備が整っている絵を用意す
る。

T：キムさんはパーティーをします。ですから、いろいろなものを買い
　　ました。<台所の絵を見せ、冷蔵庫の中のものなどを指して>**冷蔵庫の中にケ
　　ーキやくだものなどがあります。きのう買いました。くだものが買
　　ってあります。ケーキも買ってあります。**<板書し、リピートを促す>
L：<リピート>**くだものが買ってあります。ケーキも買ってあります。**
T：**もうすぐパーティーが始まります。キムさんの部屋を見ましょう。
　　準備はできましたか。**<と言って、準備が整った部屋の絵カードを見せ、「～
　　てある」を使って言わせる>
L：<口々に>**料理が作ってあります。……そうじもしてあります。…
　　…テーブルの上にグラスが出してあります。……**

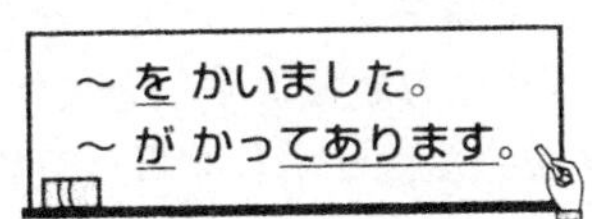

　このように、まずは「〜ておく」、次の段階として「〜てある」を導く。さらに教師は冷蔵庫の中のものやテーブルの上のものの中から、「ビールは？」、「グラスは？」という形で質問をし、学習者に「ビールは冷蔵庫に冷やしてあります」の形で答えさせるという練習をする。

注１．初級では「〜ておく」と「〜てある」は他動詞にだけ使うこととする。
注２．「〜てある」の目的語につく助詞は、文によっては「を」も可。

［５］「〜てみます」の導入
　　［４］の話を続けて、

　　Ｔ：キムさんはパーティーの準備が全部終わりました。料理をたくさんつくりました。おいしいかどうかわかりませんから、ちょっと心配です。ですから、少し食べます。このとき、おいしいかどうか、ちょっと食べてみます、と言います。
　　Ｌ：おいしいかどうか、ちょっと食べてみます。
　　Ｔ：ワインも……＜学習者の発話を促して＞
　　Ｌ：ワインも、おいしいかどうか、ちょっと飲んでみます。

　ほかに、買いものを話題にして、洋服を買う前に試着する（例：「似合うかどうか、着てみます」）、靴を買う前にはいてみる（例：「ちょうどいいかどうか、はいてみます」）などと、この文型で言わせる。
　「〜ておく」「〜てある」などを使ったいろいろな文型をひと通り出したら、助詞とともにまとめてある自・他動詞の対照表を教室に貼ったり、学習者に配布したりするとよい。

［６］「〜てきます」の導入
　　同様にパーティーの場面を使って導入する。

　　Ｔ：キムさんのうちに友達が来ました。友達はすしを持っています。駅のそばのすし屋で買ったそうです。そして、キムさんのうちに来ました。キムさんの友達はすしを買ってきました。
　　Ｌ：＜リピート＞キムさんの友達はすしを買ってきました。

T：すしがあります。でもしょうゆがありません。すしが**食べられま**
　　せん。それで、キムさんが「ちょっと待っていてください。ス
　　ーパーでしょうゆを買ってきます」と言いました。キムさんは
　　スーパーへ行きます。そしてしょうゆを買います。それからま
　　たここへ来ます。キムさんはしょうゆを買ってきます。
L：＜リピート＞キムさんはしょうゆを買ってきます。

　図のようなイラストを黒板に貼って、友達が「買ってくる」場合とキムさ
んが「買ってくる」場合の違いを視覚的に理解させる。
　このほかにも、「昼ごはんを食べてきます」「電話をかけてきます」「銀行
でお金をおろしてきます」などの用法を教える。

タスク例　「どんな部屋でしょう？」

　インフォメーションギャップのある２枚の絵を使って、部屋の中の様子で、
同じ点、違う点をＱ＆Ａをしながら探しだすというタスク（巻末教材20
P.231参照）。
　学習者を２人一組みのペアにし、同じ部屋の絵カード（似ているが、いく
つかの点で異なっている２枚の絵）を、それぞれに１枚ずつ渡す。学習者は、
お互いに自分の絵カードを見て、部屋の中の様子を描写したり、質問したり
して、どこが同じか、違うかを見付けていく。

注：部屋の様子については、「～ています／あります」を使って言うよう、指示す
　　る。

第21課

意向形

 文型

1．夏休みに富士山に<u>登ろう</u>と思っています。
2．夏休みに富士山に登る<u>つもりです</u>。
3．どうしたんですか。——頭が<u>痛いんです</u>。
4．さいふを<u>忘れてしまいました</u>。

 文法知識の整理

「スキーに行こうと思っています」というときの「行こう」の形を意向形という。意向形に「〜と思う／思っている」を続けると話し手の意志・意向が表されるが、文末に用いられると、**話し手の独り言**（「さあ、勉強しよう」）、または**相手に対する勧誘**（「一緒に食べに行こう」）の意味となる。意向形の作り方は以下のとおりである。

五段動詞	「辞書形」の最後の音を「お段」に変えて「う」をつける。話す→話そう
一段動詞	「辞書形」の「る」をとって「よう」をつける。食べる→食べよう
不規則動詞	する→しよう　　くる→こよう

「う／ようと思う」と似た表現として、「〜つもりだ」というのがある。「〜う／ようと思う」が話し手の意志を直接表すだけなのに対し、「〜つもりだ」は未来の行動予定を積極的に説明しているということもできるが、実際にはこの2つは同じように使われることが多い。また「〜う／ようと思う」

を使って、第三者の意志を表す場合は、「彼はタイへ留学しようと思っている」のようになる。「～つもりだ」には「～ないつもりだ」という否定の表現がある。

　次に、「休みなんです」「行くんです」と言うとき、「休みです」「行きます」とどのように違うのだろうか。「～んです」は、話し手と聞き手が場面や話題を共有したうえで、**理由の説明や情報を求めたり与えたりするときに用いる。**また会話のストラテジー（運び方）として依頼の前置きなどに用いられる表現である。指導の際は、その意味合いが十分に伝わるような状況の設定と例文が必要となる。また「～んです」はテキストによっては「～のです」で提示されているが、「～のです」は書き言葉によく見られ、実際の会話では「～んです」のほうが普通である。

 教え方の例

[1]「～（よ）うと思っています」の導入

　カレンダーを見せ、夏休みについて話す。また富士山の写真を用意する。

T：みなさんは、夏休みに何か予定がありますか。

L：＜口々に＞はい、国へ帰ります。……海へ行きます。……旅行したいです。……

T：そうですか。わたしは＜と言って富士山の写真を見せ＞**富士山へ行きます。富士山に登りたいです。富士山に登ろうと思っています。**＜ここで、登ろうの部分を特にゆっくりと、もう一度＞**富士山にの・ぼ・ろ・うと思っています。**

L：＜リピート＞**富士山に登ろうと思っています。**＜ここで、意向形の作り方を板書して説明。　辞書形のフラッシュカードを見せ、活用グループ別に意向形に変える練習をする＞

T：＜国へ帰ると言った学習者Ａのほうを向いて＞**Ａさんは？　夏休みはどうしますか。国へ……**＜と、板書した意向形の作り方を指しながらＡに発話を促す＞

Ａ：国へ帰ろうと思っています。

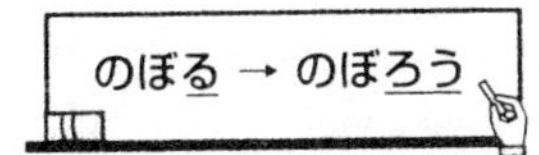

　同様にほかの学習者にも聞いていき、夏休みの予定を意向形を使って言わせる。

注1．意向形はすぐには出てこないので、教師は形の作り方の練習に十分時間をかけ、わからないときは板書を見ながら言うように指導すること。
注2．「～う／ようと思っています」は意向が過去から現在まで**継続**している場合に使われるのに対し、「～う／ようと思います」はその時点での意向を表している。

［2］「～つもりです」の導入

　［1］に続けて、教師も含めたそれぞれの夏休みの予定を意向形を使って言わせ、「富士山に登る」「国へ帰る」「旅行する」のように辞書形で板書しておく。

T：＜板書した教師の夏休みの予定を指しながら＞これは、わたしの夏休みの予定です。わたしは夏休みに富士山に登ろうと思っています。わたしは夏休みに富士山に、の・ぼ・る・つ・も・りです。登ろうと思っています。登るつもりです。同じです。＜と言ったらすぐ文型を板書し、「つもり」の前は辞書形であることをわからせる＞

じゃあ、Ａさんの予定はどうでしょうか。＜と言ってＡの予定を指し、Ａに「つもり」を使って話すよう促す＞

A：わたしは国へ帰るつもりです。

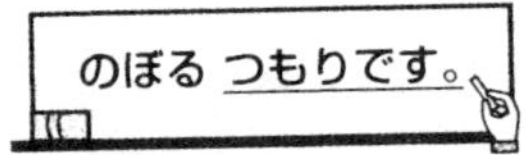

　同様にほかの学習者にも、自分の予定について、「つもり」を使って言わせる。このあと、今晩、何をするつもりか、週末の予定、卒業したあとの予定などについて、いろいろ聞いて答えさせたりする。

注．あまり親しくない人に「～つもりですか」と聞くと、直接的で失礼になるので、特に目上の人には「つもり」を使って質問させないよう、注意する。

148

［3］「〜んです」の導入

頭が痛そうにしている人の絵カードを用意する。

T：木村さんです。 ＜と言って、黒板に絵カードを立てかけ＞**木村さんは元気
ですか。木村さんはどうしましたか。** ＜と言って、学習者の反応を待つ＞

L：元気じゃありません。頭が痛いです。病気です。

T：そうですね。木村さん、 ＜と、絵カードの人物に話しかけるように＞**どう
したんですか。**

L： ＜リピート＞**木村さん、どうしたんですか。**

T： ＜木村さんの絵カードの横に吹き出しを書いて＞**頭が痛いんです。**

L： ＜リピート＞**頭が痛いんです。**

> あたまが いたいんです。

続けて、病気の表現を示す絵カードを使い、「どうしたんですか」「〜んで
す」の形で言えるように練習する（例：「おなかが痛いんです」「熱があるん
です」など）。またペアになって会話形式で練習させ、聞き手は「それはい
けませんね。お大事に」などの表現が使えることを教える。

注1．「〜んです」の前には普通形を使うが、**名詞・な形容詞は「〜なんです」**とな
　　ることに注意する。
注2．依頼や問い合わせの場面でよく使われる「〜んですが、……」について
　　も、練習しておくといい（例：「すみません。ちょっと電話したいんですが…
　　…」「ちょっと伺いたいんですが……」など）。

［4］「～てしまいました」の導入

　困っている場面をかいた絵カードを何枚か用意する。

T：＜ポケットに手を入れてさいふを探してい
　　る人物の絵カードを指し＞チャンさん
　　です。チャンさんは困っています。
　　どうしたんですか。

L：＜口々に＞さいふがありません。…
　　…お金がありません。……さいふ
　　を忘れました。……＜など、いろい
　　ろな答えが出るのを待つ＞

T：今日、チャンさんはさいふを忘れ
　　ました。大変ですね。チャンさん
　　は困っています。チャンさんは、
　　さいふを忘れてしまいました。
　　＜と、ゆっくり言ってから文型を板書。下に、
　　「こまっています。ざんねんです」などと書
　　いて、「～てしまう」の意味を確認する＞

L：＜リピート＞チャンさんは、さいふ
　　を忘れてしまいました。

～ て しまいました。
（こまっています。ざんねんです。）

　続けてほかの場面の絵カードを見せて「～てしまいました」を使って言わ
せたり、「朝ねぼうして、～」「恋人が～て、チャンさんは～」などのヒント
を出して、文の後半を完成させたりするといい。

注1．「～てしまいました」には、「もう全部食べてしまいました」「あしたから旅
　　　行に行きますから、今日の夜、レポートを書いてしまいます」のように「片
　　　付け」の意味もあるので、導入する際はきちんと整理し、分けて出すこと。
注2．日常会話では「～てしまいました」「～でしまいました」が「～ちゃいまし
　　　た」「～じゃいました」と縮約形で発話されることが多いので、聞いたとき
　　　わかるように教えておく。

注3．力のある学習者なら、［3］で導入した「～んです」と組み合わせて、「～て
　　　しまったんです」の形で練習させてもいい。

ロールプレイ　　「都合が悪いんです」

「～んです」を使って、誘われたのに、都合が悪いので断る、という設定で
ロールプレイをする（巻末教材21 P.232参照）。

　まずモデルになる談話例を、テープで聞かせるか、教師が読み上げる形で
提示する。数回聞かせたあと、内容が理解できたかどうかQ＆Aで確認する。
さらにテープまたは教師のモデルのあとにリピートさせ、十分口が回るよう
に練習する。次に学習者にペアになってもらい、それぞれに「カードA」
（誘う内容がかいてある絵カード）と、「カードB」（断る理由がかいてある絵
カード）を配り、それぞれ勧誘と断りの会話を作って練習させる。そのあと、
みんなの前で演じさせ、どのペアが上手に誘ったり断わったりできたか、お
互いに評価しあうようにする。

注．絵カードの代わりに内容を個条書きにした文字カードでもいい。

会話例

　　A：Bさん、今度の土曜日に、映画を見に行こうと思っているんです
　　　　が、一緒に行きませんか。
　　B：土曜日ですか。土曜日はちょっと……都合が悪いんです。会社の
　　　　パーティーがあるんです。
　　A：あ、そうですか。残念です。
　　B：すみません。……また今度、誘ってください。
　　A：わかりました。じゃ、また今度。

「降ろう」「あろう」って何？

　新人教師の新子さんの今日のクラスは、「意向形」の導入と練習。これまでに「て形」や「ない形」、「可能動詞」なども入り、学習者たちもいろいろな文型や活用の練習などに随分慣れてきたころです。新子さんは、新しい活用である「意向形」の導入のために、動詞の絵カードや文字のフラッシュカード、五十音表なども用意し、張り切ってクラスに臨みました。

　まず、「意向形」はどんなとき、どんな意味で使うのか、活用形の作り方はどうなっているのか、と導入は順調に進み、さて、フラッシュカードで意向形の作り方を練習させようと思った新子さん。ここまでの既習の動詞も全部調べ、グループ分けしておいたカードで練習を始めました。

　ところが、「行きます」「行こう」、「読みます」「読もう」……と手際よく進めていた矢先、突然、「降ります」「降ろう」、「あります」「あろう」という声が聞こえてドキッ！　何と、意向形の作れない無意志動詞が、用意したカードの中に交ざっていたのです。そこで、活用形や文型の練習をするときの大原則。動詞の意味や働きによって、どんな文型に当てはまるのか、意味のない文になっていないか、などをよく考えましょう。さらに、授業の前に一度は実際に自分で口に出して確認すること。そうすれば、学習者にとんでもないことを言わせないですみますね。

ロールプレイとは

　会話のクラスでよく行われる活動の一つに「ロールプレイ」があります。「ロールプレイ」をするといって、学習者に会話の全文を渡し、パートに分かれて読み合わせをさせたり、暗記してその役を演じさせたりしていることもあるようですが、それはちょっと違いますね。

　「ロールプレイ」というのは、それぞれが与えられた「ロールカード」の情報をもとに、相手にどんな言葉づかいで何を伝えるのか、また相手の言ったことにどう応答するのかを考えながら、お互いにオリジナルの会話を作って進めていく活動です。コミュニケーションの目的達成のためには、アドリブを入れたり、伝える情報の順序を変えたりすることもあります。要は、相手の意図をくみ取りながら、自分の意図に沿った伝達ができるようになればいいわけです。

　ただ、教師としては、何でも学習者に任せてしまうのではなく、クラスの状態やレベルに応じて、「ロールカード」にのせる情報の量や内容を調節し、必要な語彙や文型の手当をするなどの配慮が必要です。「ロールプレイ」は難しそうだから中級になってからと言わないで、ぜひ初級の段階からクラス活動に取り入れてみましょう。学習者は、こちらが思っている以上に自由に会話を作ってくれるものですし、クラスももっと生き生きとしたものになること間違いなしです。

条件文 その1

 文型

1．雨が降っ<u>たら</u>、行きません。
2．雨が降っ<u>ても</u>、行きます。
3．電子辞書を買う<u>なら</u>、新宿のABCが安いですよ。
4．駅につい<u>たら</u>、電話します。
5．<u>何を食べたらいいですか</u>。

文法知識の整理

「〜たら」「〜なら」「〜ば」「〜と」などを用いた**条件文**は意味・用法が重なるものも多く、学習者が混乱するおそれがあるので、初めはそれぞれの文型の最も典型的なものだけに限って提出し、それらが定着したあとに、順次ほかの用法を増やしていくとよい。

「〜たら」には次のような用法がある。

1．**仮定**　例：もし雨が降ったら、行きません。
2．**未来完了の予定行動**　一つの動作が終わってから次の動作をする、または、動作が続くもの。例：駅に着いたら、電話します。
3．**契機**　前の行為がきっかけとなって、次のことが起こるもの。
　　例：薬を飲んだら眠くなった。
4．**時**　例：寝ていたら、電話がかかってきました。
5．**発見**　例：ドアを開けたら、犬がいた。
などである。

　この中では2が「〜たら」独特のものであり、3、4、5は「〜と」と置き換えることができる（27課参照）。これらは同時に提出すると混乱するの

で、別々の機会に教えるようにする。ここでは、1の**仮定**と2の未来完了の**予定行動**を扱う。「〜たら」には「〜ば」のような文末の制限がないので、初級の学習者にとって安全で使いやすい（27課の「ば」参照）。

「〜たら」の形

動詞	降ったら	降らなかったら
い形容詞	大きかったら	大きくなかったら
な形容詞	元気だったら	元気じゃなかったら
名詞	子どもだったら	子どもじゃなかったら

「〜ても」は**逆接**に用いられる文型である。順当な場合は「安かったら買います」であり、逆接の場合は「安くても買いません」となる。また、仮定の「〜たら」などを用いた質問に「いいえ」で答える場合にも「ても」が使われる（例：「安かったら買いますか」「いいえ、安くても買いません」）。

「〜ても」の形

動詞	降っても	降らなくても
い形容詞	大きくても	大きくなくても
な形容詞	元気でも	元気じゃなくても
名詞	子どもでも	子どもじゃなくても

ここで扱う「なら」はおうむ返しの「なら」と呼ばれるものであり、**相手の意向**を受けて、提案や助言をする場合の言い方である。後の文には話し手の意志、命令、忠告、判断などが来る。この「〜なら」は動詞・い形容詞・な形容詞・名詞文の普通形の現在形や「の」に接続するが、ここでは、主に「動詞」の「辞書形」および「名詞」に接続するものを扱う。

 教え方の例

[1]「〜たら」（仮定）の導入

新聞の天気予報欄と天気マークを用意する。

Ｔ：＜キムさんの絵カードを示し＞キムさんは日曜日にディズニーランドへ
　行きます。日曜日の天気はどうでしょう。＜雨マークを出し＞残念
　ですね。雨です。雨が降ります。行きますか。行きませんか。

Ｌ：＜口々に＞大丈夫、行きます。……行きません。……

Ｔ：＜行きません、と言ったＡに問いかけて＞Ａさんは？　雨が降ります。行
　きませんね。

Ａ：行きません。

Ｔ：＜行きません、という発言を取り上げて＞そうですか。日曜日に雨が降り
　ます。Ａさんは行きません。雨が降ったら、行きません。＜リピ
　ートを促す＞雨が降ったら、行きません。

Ｌ：＜リピート＞雨が降ったら、行きません。

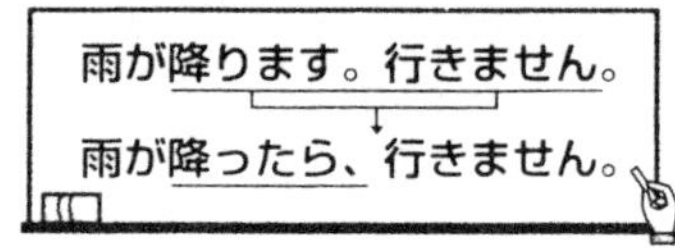

［2］「〜ても」の導入

話題もそのまま、Q&A を続けて「〜ても」の導入を行う。

Ｔ：日曜日に雨が降ります。＜雨、大丈夫、行きます。と言った学習者Ｂに問い
　かけて＞Ｂさんは？　雨が降ります。でも、行きますね。

Ｂ：はい、行きます。

Ｔ：そうですか。Ｂさんは……、雨が降っても、行きます。

Ｌ：＜リピート＞雨が降っても、行きます。

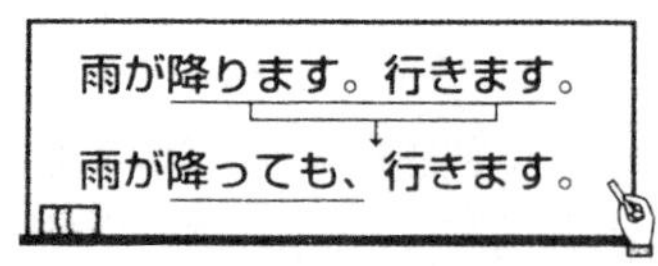

ほかの何人かに聞き、同様に言わせたあと、仮定の「〜たら」の用法がわ
かったら、動詞の「たら」の形の作り方を練習をする。そのあと、イラスト
にあるような絵を使って「雨が降ったら／雨が降っても」の形と「ても」の
後半を考えさせて練習する。

　そのほか、「タクシーで行ったら間に合います」「タクシーで行っても間に合いません」、「漢字で書いたらわかりますか」「いいえ、漢字で書いてもわかりません」のような文で、「～たら」「～ても」を対にして練習させる。

　注1．動詞を使った言い方が定着したら、「天気が悪かったら／天気が悪くても」、「暇だったら／暇でも」、「雨だったら／雨でも」などの、形容詞や名詞を使った言い方も導入する。
　注2．この「たら」も「ても」もここでは、もしの意味で使っている。

［3］「～なら」（おうむ返し）の導入

　日頃から、学習者たちが欲しがっているものなどに気を付けておき、さりげなく、今、買いたいものについて聞きながら、導入する。

　　Ｔ：Ａさん、今、何か買いたいものがありますか。
　　Ａ：はい、電子辞書を買いたいんです。
　　Ｔ：電子辞書を買いたいんですか……。＜考えるしぐさをして＞**電子辞書を**
　　　　買うなら、新宿のＡＢＣが安いですよ。あの店なら、安い電子辞書
　　　　がたくさんありますよ。電子辞書なら、新宿のＡＢＣが安いですよ。

　「〔動詞〕なら」の形の作り方を示したあと、「〔名詞〕なら」も加えて下の文のように文で練習をさせる。

練習例　　クラスの皆に意見を聞いて、アドバイスをもらう
　　Ａ：インド料理を食べたいんですが。
　　Ｂ：インド料理を食べるならニューデリーのカレーがいいですよ。
　　Ｃ：インド料理ならマハラジャのほうがおいしいですよ。

［4］「～たら、～」(予定行動)の導入

　「マリアさんです」と絵カードの中の女の人を紹介したあと、教師はマリアさんになってクラスの人たちに話しかける。

> T：次の日曜日の午後、わたしのうちでパーティーをするんです。どうぞ、みんなで遊びに来てください。わたしのうちは……わかりませんね。東駅のすぐ近くなんです。……じゃ、駅に着いたら、電話をしてください。迎えに行きますよ。
> ＜ゆっくりと＞駅に着いたら、電話をしてください。
> L：＜リピート＞駅に着いたら、電話をしてください。

　この「たら」は仮定ではない。未来の行為が完了したあとで、次の行為をする、と言いたいときに使う。「動詞1たら、動詞2」の文では、動詞2は動詞1が成立したあとであることをしっかりと押さえる。文末には話し手の考えや意見、助言などが来ることが多いことを、例文を挙げて教える。

　そのあと、教師が文の前半を言い、学習者に後半を言わせる短文完成の練習をする（例：「夏休みになったら、～」「大きくなったら、～」「その写真ができたら、～」など）。

［5］「〔疑問詞〕～たらいいですか」の導入・練習

　下のような会話例で導入・練習をする。

　学習者のペアを作り、下線の部分を入れ替えて、その国や地域出身の人にアドバイスを求める会話の練習をさせる。初めに、少し2人で考えさせ、練習させてから、発表させる。

会話例　　アドバイスを求める

> A：タノムさん、わたし、夏休みにバンコクに行くんですよ。
> B：そうですか！　よかったですね。
> A：タイでは 何を 食べたら いいですか。
> B：タイ料理なら、もちろん、トムヤムクンが有名ですよ。
> タイへ行ったら、わたしにもおみやげを買ってきてくださいね。

<u>入れ替えの言葉</u>　　1　それぞれの地名

　（下線部分）　　2　どこへ／何を

　　　　　　　　　3　行く／買う／見る

　　　　　　　　　4、5、6、は適当に考えさせる。

タスク例　「もし、100年前の世界に行けたら」

「もし〜たら、どうしますか」という質問に答えさせる活動（巻末教材22 P.233参照）。

　初めに、やり方に慣れさせるため、教師が「もし100万円もらったら、どうしますか」のような言葉を書いたカードを配り、少し考えさせ、答えさせる。質問は「もし、100年前の世界に行けたら」「もし、あなたが男／女だったら」「もし、あなたが鳥／犬／猫だったら」など、ユニークな答えが出るようなものを用意すると楽しい活動になる。

　次に、学習者一人ひとりに「もし〜たら、どうしますか」「もし〜たら、何がしたいですか」の質問を自由に作らせ、紙に書いて箱に入れさせる。くじ引きのように、各学習者に1枚ずつ取らせて、その質問に答えさせる。

様態

 文型

1．このケーキはおいし<u>そうです</u>。
2．雨が降り<u>そうです</u>。
3．道子さんの顔は人形<u>のようです</u>。
4．ウサギは赤い目<u>をしています</u>。

文法知識の整理

　様態の「～そう」は、あるものや状態を見て、外見からそのように思われるということを表現するのに用いられる。従って、「きれい、汚い」などのように、それ自体で外見を表す語には、普通はつかない。「おいしそうです」「元気そうです」のように、形容詞につく場合は、そのものについての話し手の印象を表す。また、「雨が降りそうです」「私にもできそうです」のように、動詞につく場合は、動詞の意味・文脈によって、ある現象が起こる直前の状態や可能性のあることを表す場合が多い。

　「～そう」は、い形容詞・な形容詞は変化しない部分に、動詞は「ます形」の「ます」をとった形に接続する。名詞には直接接続しないが、「あの人は学生じゃなさそうです」のように、否定の形にすることができる。時制は「おいしそうでした」のように、文末に表れる。

	肯定	否定
い形容詞	おいしそうです	おいしくなさそうです おいしそうじゃありません
な形容詞	元気そうです	元気じゃなさそうです 元気そうじゃありません
動　　詞	降りそうです	降りそうに（も）／もありません

　形容詞「いい」は「よさそう・よくなさそう」、「ない」は「なさそう」となる。また、「～そう」は、「おいしそうなお菓子」「うれしそうに笑う」のように、「な形容詞型」の活用をする。

　比況・例示の「～よう」は、共通性のある具体例を出して、あるものの様子や状態を説明するのに用いられる（例：「この川の水は氷のように冷たいです」―比況、「東京のような大都市には住んだことがありません」―例示）。「死んだように眠っています」のように、動詞に接続する形もあるが、初級では扱わない。「～よう」も、「～そう」と同様、「な形容詞型」の活用をする。

 教え方の例

[1]「〔形容詞〕そうです」（様態）の導入

　「（おいしそうな）ケーキ、（高そうな）指輪、（暖かそうな）コート、（難しそうな）問題、（おもしろそうな）映画、（ひまそうな）人」などのように、い形容詞、な形容詞を使って「～そうです」と言いやすいものの写真や絵カードを用意する。

T：＜ケーキの写真を見せて＞このケーキは……＜と学習者から言葉を引き出すよう
　　　に問いかける＞
L：＜口々に＞おいしいです。……甘いです。……
T：おいしいですか。わかりますか。食べましたか。
L：いいえ、食べません。でも……
T：そうですね。食べません。でも、見ました。そして、おいしいだ
　　　ろうと思いました。おいしそうです。＜もう一度ゆっくり＞このケー
　　　キはおいしそうです。
L：＜リピート＞そのケーキはおいしそうです。

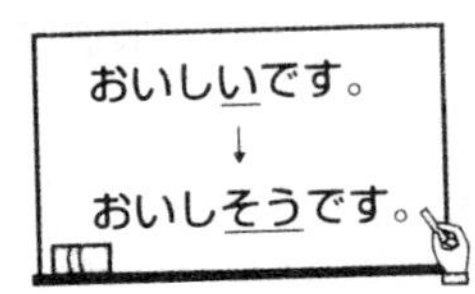

　同様にほかの絵カードを使って「〜そうです」と言う練習をする。絵カー
ドや、教室によっては実際に小さいお菓子などを用意し、食べる前と食べた
後で、「甘そうです」と「甘いです」、値段を聞く前と聞いてからの「高そう
です」と「高いです」などの違いを示すとよい。また、否定形でも練習する。
このあと、家族や友人、部屋などの写真を見せて、お互いの印象を話し合っ
たりして練習する（例：「（お母さんは）優しそうですね」「ええ、とても優し
いんです。／そうですか。でも本当はちょっと厳しいんです」）。

注１．特に、い形容詞は「おいしそうです」と「おいしいそうです」のように、伝
　　　聞の「そう」と混同する学習者がいるので、板書をしてその違いに注目させ、
　　　発音にも注意する。
注２．否定形を二通り提示すると混乱するので、初めは１つにしぼって教える。
注３．自分の気持ちを言う場合は「うれしいです」、第三者については「うれしそ
　　　うです」と区別することも教える。
注４．学習者の様子を見て、クラスによっては「おいしそうなケーキですね」「楽
　　　しそうに話しています」などの、名詞、動詞に接続する形も教える。

［２］「〔動詞〕そうです」（様態）の導入

　　今にも雨が降り出しそうな空、ボタンがとれそうなシャツ、倒れそうな化

瓶、網棚から落ちそうな荷物、などを見て話している場面の絵や写真を用意し、文型をまず導入する。そのあと、絵カードの内容に応じて学習者にその状況の説明をさせ、「雨が降りそうですから、傘を持って行きます」などと文を続けさせたり、学習者同士に絵カードを渡し、以下の例のように短い会話の形で練習させたりする。学習者同士の練習は、まずクラス全体で練習してから行う。

会話例　　時計を見てあわてた様子で走っている人の絵カードで

Ａ：どうしたんですか。
Ｂ：電車の時間に遅れそうなんです。
Ａ：それは大変ですね。じゃ、気をつけて。

注.「〔動詞〕そうです」には、「お金がありそうです」のように、外見からの印象を述べる場合もある。

［３］「〔名詞〕のようです」（比況）の導入

　かわいい少女を見て日本人形を連想していることがわかる絵や、船のような形のビル、スーパーマンのような格好で遊んでいる男の子など、共通性のあるものを連想していることがわかる絵や、連想しやすい絵や写真を用意する。

T：＜少女の絵を見せて＞道子さんです。かわいいですね。＜人形の部分を指
　　して＞人形と似ています。道子さんの顔は人形のようです。
L：＜リピート＞道子さんの顔は人形のようです。
T：＜船のような形のビルの絵で＞これは船ですか。
L：いいえ、ビルです。
T：ええ。でも、船と似ていますね。このビルは……＜と発話を促す＞
L：このビルは船のようです。

　同様に、ほかの例でも練習したあと、「人形のようにかわいいです」の形
でも練習する。

練習例

　「～よう」を使った表現には「宿題が山のようにある」「足が棒のようにな
る」など、慣用的な、また、文化的な要素を含んだ表現が多い。余裕のある
クラスでは、クイズ形式でいくつか紹介してもいい。まず、文を主部と述部
に分けてカードに書き、黒板の向かって左には主部、右側には述部を順不同
で貼り、正しい組み合わせを選ばせる。さらにほかの言葉でその表現の意味
を説明させる。例えば、「宿題が山のようにある」なら、「宿題が山のように
たくさんある」というように言わせる。

注.「～のよう」は、話し言葉では「～みたい」ということが多い。クラスによっ
　　ては教えてもいい。その際、接続は「人形みたい」となる。

[4]「(形／色) をしています」の導入

　身体各部（目、顔、髪、耳、手、声など）の特徴や色、形の特徴がよく表れ
ている人や動物、ものの絵や写真を用意する。また、それらの名称や形を表
す「丸い、三角の」や、「色、形」という言葉の意味を確認しておく。ここで
は「目」の特徴を中心に導入する。

T：＜ウサギの絵の、目を指して＞赤いですね。ウサギは……

L：ウサギは目が赤いです。

T：ええ、そうですね。目が赤いです。赤い目をしています。ウサギ
　　は赤い目をしています。

L：＜リピート＞ウサギは赤い目をしています。

続けて「大きい目、黒い目、優しい目」などの例で練習し、さらにほかの
部分、ものについても練習する。「～はどんな～をしていますか」と質問し、
答える形で練習するとよい。「うれしそうな顔」「ピラミッドのような形」な
どの言い方も練習する。

タスク例　「宇宙人を見ました」

　宇宙人や変な形の動物を見たという設定で、その外見を説明させる、ゲー
ム形式の練習（巻末教材23 P.234参照）。

　クラスをペア、またはグループに分け、一人に宇宙人や変わった動物がか
かれた絵カードを、ほかの学習者には白紙のカードを配る。絵カードを持っ
た学習者は「～のような～」「～のようです」を使って、「はさみのような手
をしています」「足はスパゲティのようです」などと説明する。ほかの学習
者は説明を聞いてその形を想像して絵にかき表す。最後に、元の絵と比べ、
いちばん似ている絵をかいた人の勝ちとする。

第24課

推量

 文型

1．いいことがあった<u>よう</u>です。
2．このレストランはおいし<u>いらしい</u>です。
3．山田さんはもうすぐ来る<u>はず</u>です。

文法知識の整理

　推量の「～よう」は、「玄関で音がしますね。だれか来たようです」のように、観察や感覚によって捉えたその場の状況から、話し手が**主観的に判断**したことを表す。

　一方、「～らしい」は、ある事柄について見たり聞いたりした**伝聞情報**を根拠にして**推測**したことを述べる場合（例：「＜みんなの話によると＞パクさんは試験に合格したらしいです」）と、客観的な状況から推測して述べる場合（例：「＜1時間たってもこないから＞パクさんは今日は休みらしいです」）がある。後者の場合、「～よう」に置き換えられる場合が多いが、同じ観察に基づく推測でも、「～よう」が話者の主観的な判断を表すのに対し、「～らしい」はより客観的であるところから、場合によっては「～らしい」には責任を回避する印象がある（例：医者の患者に対する発話として「風邪らしいです」は不自然）。「～よう」、「～らしい」は、共に断定を避け、**婉曲的な表現**としても使われる。

　「～はず」は「（昨日電話で約束したから）必ず来るはずです」のように、事実や予定などから推測したことを、**自分の判断として**述べるときの表現で、話者の確信がかなり強いことを表す。

　「～よう、～らしい、～はず」はいずれも「動詞・形容詞・名詞（文）の普

通形」に接続する。また、「～よう」は「な形容詞型」、「～らしい」は「い
形容詞型」、「～はず」は名詞文と同じ変化をする。ただし、「～よう、～ら
しい」は否定形にはならない（「玄関にだれか来たようではありません」、「合
格したらしくありません」とは言わない）。

 教え方の例

[1]「～ようです」の導入

　さまざまな表情をした人物の絵カードを用意する。

　T：＜手に手紙を持ち、うれしそうな顔の人物の絵を見せ＞うれしそうな顔をして
　　　いますね。どうしたんでしょう。
　L：＜口々に＞試験に合格しました。……恋人から手紙が来ました。……
　T：そうですね。よくわかりませんが、何かいいことがあったんです
　　　ね。＜ゆっくり＞いいことがあったようです。
　L：＜リピート＞いいことがあったようです。
　T：＜気分の悪そうな人の絵で＞この人は元気がありませんね。顔色が悪い
　　　です。気分が……＜と、発話を促す＞
　L：気分が悪いようです。

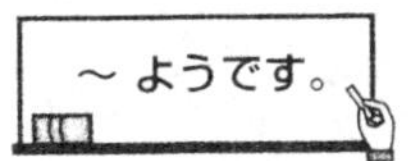

　同様に、泣いている赤ん坊や事件の現場の様子など、いろいろな状況を表した絵カードを使い、そこから推測できること（例：おなかがすいているようです。どろぼうは窓から入ったようです）を話したりして、すべての品詞について練習する。さまざまな音を録音したテープを聞いたり、袋の中にあるものに手で触れたりして推測し、「～ようです」で言うこともできる。

注１．導入で文型を板書したところで、「よう」の前が普通形であることを教える。
　　　ただし、な形容詞・名詞（文）の現在形肯定は、「〜な＋よう」（「元気なよう
　　　です」）、「〜のよう」（「休みのようです」）となる。
注２．様態の「〜よう」と同様に、話し言葉では「〜みたい」を使うことが多い。
　　　クラスによっては紹介するが、その際、名詞・な形容詞との接続は、「消し
　　　ゴムみたい、暇みたい」のようになるので注意する。

［２］「〜らしいです」の導入

　入り口に人が並んでいる店、客がいなくて店の人が暇そうにしている店の
絵を用意する。

　　T：＜人が並んでいるほうの絵で＞この店の前には、いつも人が並んでいま
　　　　す。友達もよく行くそうです。わたしはこの店に行ったことがあ
　　　　りませんから、おいしいかどうかわかりません。でも、いつも人
　　　　がおおぜい並んでいますから、この店はおいしいらしいです。
　　L：＜リピート＞この店はおいしいらしいです。
　　T：＜人がいないほうの絵で＞こちらの店はどうですか。お客さんがいませ
　　　　んね。店の人も……
　　L：ひまそうです。
　　T：そうですね。行ったことがありませんからよくわかりませんが、
　　　　この店は……＜と発話を促す＞
　　L：おいしくないらしいです。

　同様に、さまざまなことが推測できる絵を用意し、学習者とのやりとりや、必要なら教師がその場面の会話を聞かせることで、絵の意味する状況を確認しながら、すべての品詞について練習する（例：アクセサリーをたくさんつけて大きな家に住んでいる人の絵で「お金持ちらしいです」、たくさんのケーキを前にうれしそうにしている人の絵で「甘いものが好きらしいです」、待ち合わせの電話をしている人の絵と会話の内容で「あした映画を見に行くらしいです」など）。

注1．　な形容詞・名詞（文）の現在形肯定への接続は、「〔な形容詞の変化しない部分・名詞〕らしい」（「元気らしい」、「休みらしい」）となる。
注2．　推量の場合「どうも」を使って、「どうも〜らしいです／ようです」のような言い方をよくするので、教える。

［3］「〜はずです」の導入

　時計を気にしながら駅で人を待っている人の絵を用意する。

　T：＜絵の中の人物を指して＞この人は今、山田さんを待っています。3時に会う約束をしました。もう3時ですが、山田さんはまだ来ません。でも、必ず行くと言いましたから、もうすぐ来るはずです。山田さんはもうすぐ来るはずです。
　L：＜リピート＞山田さんはもうすぐ来るはずです。

　同様に、絵で状況を説明したり、学習者を話題にしたりして、短い会話の形で練習する。

会話例

　1．（机の上にあるかばんを見て話している絵で）
　　A：リーさんはもう帰ったのでしょうか。
　　B：かばんがあるから、リーさんはまだ会社にいるはずです。

　2．A：ケリーさんはフランス語が話せるでしょうか。
　　B：フランスに住んでいたことがあるから、話せるはずです。

注1．「〜はず」は「動詞・形容詞・名詞（文）の普通形」に接続する。ただし、な形容詞・名詞（文）の現在形肯定は「〜なはず」（「暇なはずです」）、「〜のは

ず」（「休みのはずです」）となる。この段階では、動詞に続く「〜はず」の
練習にとどめる。
注２．話者の意志的な行動については「〜つもりだ、〜ようと思っている」などで
表し、「私は来年結婚するはずです」のようには言わないので注意する。
注３．「〜はず」の否定形には、「来ないはずだ」と「来るはずがない」の２種類が
あり、後者はまったく可能性がないと強く否定するときに使うが、初級では
扱わない。

タスク例　　「どの人でしょう」

　ある人物の印象についての会話を聞き、どの人について話しているかを当
てるクイズ形式のタスク（巻末教材24 P.235参照）。

　性別・年齢・職業などが推測できる、さまざまな人の絵または写真の、ク
ラス全体で見られる大きさのものと、小さいカードにしたものを用意する。
大きいものは黒板に貼り、一人ひとりに名前を書いておく。

　学習者を２人一組みにし、それぞれのペアに小さいほうのカードを１枚配
る。各ペアはその人物の印象について必ず「そう」「よう」などを使って短
い会話を作り、練習したあと、クラスの前で発表する。そのとき、職業名を
そのまま言わないよう指示する。ほかのペアはそれを聞いて、だれについて
の会話かを当てる。

会話例

　　Ａ：元気そうな人ですね。
　　Ｂ：ええ。力がありそうです。
　　Ａ：そうですね。毎日練習しているようですね。
　　Ｂ：そうかもしれませんね。

170

「男らしい人」「男みたいな人」は男？　女？

　初級ではあまり扱いませんが、「男らしい」のように、名詞に「らしい」がつくと、いかにもそのものの持つ特性を備えたという意味になります。また、「〜みたい」は「〜のよう」（比況）の意味です。つまり「男らしい人」は男性、「男みたいな人」は女性ですね。「男っぽい」という言い方もありますが、こちらは「いかにも男らしい」男性について使われる場合（俳優K氏は男っぽい魅力で女性に絶大な人気がある」）と、「男のような」女性について使われる場合（「Y女史は男っぽい字を書くね」）の、両方があるようです。

行為の授受

 文型

1-1．キムさんは鈴木さんの引っ越しを手伝ってあげました。
1-2．鈴木さんはキムさんに引っ越しを手伝ってもらいました。
2．　リンさんがペンを貸してくれました。
3．　ちょっと教えていただけませんか。

文法知識の整理

「行為の授受」というのは、「友達に本を貸してあげました」のように、ある人がほかの人に対して**好意的に**何らかの行為を行うことを指す。「ものの授受」が直接的なもののやりとりを表すのに対し、「行為の授受」は対象者がその行為によってある**利益**を得ることを表す（授受動詞「あげる・もらう・くれる」の用法上の注意については、10課を参照のこと）。

「AはBに〜てあげる／くれる」は、Aの行為がBに利益をもたらすことを表す。**行為の対象者は助詞「に」で表し、行為の内容は動詞の「て形」で**表す。ただし、「母を手伝う」「子どもを連れていく」「友達を案内する」のように**B自身が直接、行為の対象**となる場合は、Bを「を」で表す（例：「明夫さんは良子さんを車で送ってあげました」）。また、「AはBに／を〜てあげる」と同じ内容を、「BはAに〜てもらう」と言い換えることができる。

「本を読む」などのように、動詞が目的語をとる他動詞の場合は、「AはBに〜を〜てあげる／くれる／もらう」となる（例：「お母さんは子どもに本を読んであげました」）。このとき、目的語が対象者の**身体の一部**、または**所有物**である場合、対象者は言わないか、または助詞「の」で表す（例：「わたしは美容院で（わたしの）髪を切ってもらいました」「田中さんは、おばあさん

の荷物を持ってあげました」）。

 教え方の例

[1]「〜てあげます」「〜てもらいます」の導入
　引っ越しをしている絵（絵の中の人物は男性と女性の2人）を用意する。

T：＜絵の中の女性を指し＞今日は、鈴木さんの引っ越しです。友達のキ
　　ムさんが来て手伝っています。キムさんは親切な人ですね。キム
　　さんは鈴木さんを手伝います。鈴木さんはうれしそうですね。キ
　　ムさんは、鈴木さんに親切な気持をあげます。キムさんは鈴木さ
　　んを手伝ってあ・げ・ま・す。＜ここで「ハート」マークを出し、キムさ
　　んから鈴木さんのほうへ動かし、好意が移動したことを示す＞

L：＜リピート＞キムさんは鈴木さんを手伝ってあげます。

T：では、鈴木さんはどうですか。鈴木さんはキムさんに親切な気持
　　をもらいますね。＜再び「ハート」マークをキムさんから鈴木さんのほうに動
　　かしながら＞鈴木さんはキムさんに引っ越しを手伝ってもらいます。

L：＜リピート＞鈴木さんはキムさんに引っ越しを手伝ってもらいます。

〜 は 〜 を 〜 てあげます。	〜 は 〜 に 〜 てもらいます。

　ハートマークを使うことにより、好意がAからBに移動したことを視覚的に示したあと、「親切な人はだれですか」「だれがハートをもらってうれしいですか」などの質問をして確認する。続けて、お年寄りの荷物を持ってあげている絵、電車で席を譲っている絵などを見せ、ハートマークを使いながら「〜てあげる／もらう」を使って言う練習をする。また、「本を見せる」「タイ語で名前を書く」「窓を開ける」などの行為を、クラスの学習者に実際にやってもらい、「〜さんは〜さんに〜てあげました／もらいました」と言う練習をしてもよい。

注1．「わたしは〜てあげます」という言い方は、押しつけがましい感じを与えることもあるので、目上の人には使わない、などの注意が必要である。
注2．「文法知識の整理」(P.172) に書いたとおり、「〜てあげる」では、行為の相手を表す助詞が「に」と「を」と「の」のときがあるので注意する。

[2]「〜てくれます」の導入

　教師は、あらかじめ自分の筆入れからペンを抜いておく。

T：＜何かを書こうとしてペンを探すふりをして＞あ、ペンがありません。＜前に座っている学習者Aに向かって＞Aさん、すみませんが、ペンを貸してください。

A：はい、どうぞ。

T：ありがとう。＜と言ってペンを受け取り、皆に見せながら＞わたしはペンを持っていませんでした。これはAさんのペンです。Aさんは親切な人です。わたしはAさんにペンを貸してもらいました。わたしはうれしいです。＜ここで「ハート」マークを取り出し、Aから自分のほうに移動させながら＞わたしはAさんにペンを貸してもらいました。

L：＜リピート＞先生はAさんにペンを貸してもらいました。

Ｔ：では、Ａさんは？　Ａさんは何をしましたか。＜Ａ以外の学習者に＞

Ｌ：Ａさんは先生にペンを貸してあげました。

Ｔ：そうですね。Ａさんは、わたしにペンを貸してく・れ・ま・し・た。「わたしにあげました」はだめですね。わたしにくれました。貸してくれました。＜と言いながら「ハート」マークを自分のほうに動かし、わたしにということを繰り返し強調する＞

～ は わたしに ～ てくれます。

　次に、病気で寝ている人の絵を見せて、「わたしが病気のとき、友達が本を持ってきてくれました」などの例を出す。続けて同じように学習者にも、病気のとき、だれがどんなことをしてくれたかを、「～てくれる」を使って言わせる。このほかに、日本へ来るとき、だれが空港に来てくれたか、家族や友達がどんなことをしてくれたか、などの話題を出して練習するとよい。

注１．「～てくれる」では、話し手の視点がいつも「わたし」または「わたしグループの人」にあることを強調する。

注２．目上の人が何かをしてくれたときは、「～てくれる」ではなく「～てくださる」を使うことを教えておく。

[３]「～ていただけませんか」の導入

　本を持った学生と、教師が話している絵を用意する。

Ｔ：＜絵の中の学生のほうを指し＞これはケリーさんです。ケリーさんはわからない漢字があります。それで、先生に聞きたいんです。ケリーさんは何と言いますか。

Ｌ：＜口々に＞先生、漢字の読み方がわからないんです。……教えてください。……教えてくださいませんか。……

Ｔ：そうですね。ケリーさんは先生に教えてもらいますね。先生に教えていただきます。＜ここで絵カードを黒板に立てかけ、ケリーさんの発話だとわかるように黒板に吹き出しを書き＞先生、ちょっと教えていただけませんか。

Ｌ：＜リピート＞先生、ちょっと教えていただけませんか。

　続けて、いろいろな場面で、ほかの動詞を使って「〜ていただけませんか」の形で言う練習をする（例：「シャッターを押していただけませんか」「両替していただけませんか」など）。このとき、「〜ていただきませんか」ではないことに注意する。

　　タスク例　　「手伝っていただけませんか」

　カードの内容に従って、手伝ってくれる人を探すというゲーム形式のタスク（巻末教材25 P.236参照）。

　クラスを半分に分け、一方の学習者に「依頼カード」（困っていることや、手伝ってほしい内容が書いてあるカード）、他方の学習者に「手伝いカード」（自分ができることや、ほかの人の役に立てそうなことが書いてあるカード）を、それぞれ1枚ずつ配る。学習者は「依頼カード」の内容を見て、「〜ていただけませんか」を使ってほかの学習者に依頼する。依頼された相手は自分の「手伝いカード」を見て、できると思えば手伝いを承諾する。こうして、「依頼カード」を持った人が、、手伝ってくれる人を見つけるまで続ける。次に役割を逆にして、同じようにする。

教室に日本人の友達を呼んでこよう

　日本語の教室に日本語学習者だけでなく、時には日本人にも参加してもらいましょう。学習者からの質問に答えてもらったり、一つのテーマでディスカッションをしたりしてみましょう。

　特に難しいことを話さなくても構いません。

　「朝、何を食べますか」「納豆は好きですか」「〜へ行ったことがありますか」のような、簡単な質問でいいのです。

　教室が活性化し、お互いの世界が広がります。

第26課

理由・変化

 文型

1.　バスが来なかった<u>ので</u>、おそくなりました。

2.　暗く<u>て</u>、見えません。

3.　電車が遅れた<u>ために</u>、試験が受けられませんでした。

4-1.　少し休んだら、気分が<u>よくなりました</u>。

4-2.　少し休んだら、元気に<u>なりました</u>。

5.　歩ける<u>ようになりました</u>。

 文法知識の整理

　理由を表す「〜ので」は、婉曲な言い方なので、丁寧な言い方をしたいときや言い訳、事情を説明するときなどによく使われる。

　原因・理由を表す「〜て」とよく言われるが、これは「て」が原因・理由を表しているというより、「〜て」で接続された文の前後の関係が原因・理由になっているというものである。動詞の「て形」の否定には「〜なくて」と「〜ないで」の2つがあるが、原因・理由を表す場合は「なくて」である（「〜ないで」は13課参照）。

　形容詞に続く文には「足が痛くて、歩けません」「うれしくて、寝られません」のように、感情表現、可能表現、否定表現を使うことが多い。名詞に続く文には「地震で家が倒れました」「事故で遅れました」のように、被害を被ったことを言うときに使うことが多い。「〜て」で原因・理由を表す文の文末は、自然の成り行きを表す文や客観的叙述の文だけであり、「話し手の意志や判断を表す文」や「相手への働きかけのある文」は来ない。

　原因を表す「〜ために」は、悪い結果となったと言いたいときに使う。

「〜て」などより原因を強く言いたい気持ちがあり、「英語の成績が悪かった
ために、合格できませんでした」のような成り行きを表す文が多く、文末に
は強い意志を表す表現は来ない。また、書き言葉でよく使われ、欠席届など
の書類、公共の場所でのアナウンスなどでよく使われている。
　動詞の「〔辞書形〕ようになります」の場合、可能動詞に続くことが多いが、
個人の習慣や社会的な傾向の変化について言う場合には普通の動詞を使う
（例：「このごろは、あの子もよく本を読むようになりました」「最近は、男
の人も育児を分担するようになりました」）。

 教え方の例

[1]「〜ので」の導入

　授業に遅れて来た学生が、教師に言い訳をしている絵を用意する。

T：＜絵を見せながら＞タンさんが今朝学校へくる時、20分もバスが来ま
　　せんでした。タンさんは学校に遅刻しました。タンさんは先生に
　　何と言うでしょうか。
L：＜口々に＞バスが来ませんでした。……バスが悪いです。……
T：すみません。バスが来なかったので、遅くなりました。
L：＜リピート＞すみません。バスが来なかったので、遅くなりました。

　次に「〜ので」は、普通形（プレーンフォーム）に接続することを教える。
名詞・な形容詞の現在形肯定の場合は「〜なので」になるので注意を喚起す
る。続けて、いろいろな言い訳や事情を説明する場面（例：宿題をしなかっ
た）を考え、「どうしたんですか」「すみません。〜ので、〜」の形で答えるよ
うな練習をする（例：「熱があったので、できませんでした」「漢字が難しいの
で、読めませんでした」など）。

[2]「〔い形容詞〕くて／〔動詞〕て／〔動詞〕なくて」の導入

　まず、い形容詞の「て形」を使った文から導入する。

T：＜部屋の電気を半分ぐらい消して、薄暗くして聞いてみる＞黒板を見てください。どうですか。よく見えますか。

L：＜口々に＞見えません。……よく見えません。……暗いです。……

T：そうですね。暗いです。暗くて、よく見えません。＜ゆっくりと＞く・ら・く・て、よく見えません。＜リピートを促す＞

L：＜リピート＞暗くて、よく見えません。

T：そうですね。＜板書を指しながら＞暗くて、よく見えません。＜電気をつける。そして黒板に小さく字を書く＞読めますか。

L：＜口々に＞小さいから、見えません。……読めません。小さくて、読めません。……

T：＜と言った学習者がいたら、それを取り上げて、リピートを促す＞小さくて、読めません。

L：＜リピート＞小さくて、読めません。

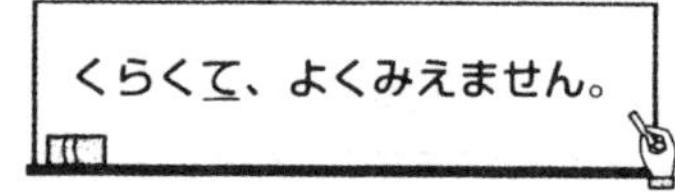

い形容詞で導入が終わったら、続けて動詞の「て形」を使った文の導入もしてしまう。

T：足が痛いです。歩けません。＜上の板書を指して促す＞

L：足が痛くて、歩けません。

T：＜類推して言えたら大いに褒め、リピートを促す＞

L：＜リピート＞足が痛くて、歩けません。

T：＜犬の写真を見せて＞うちの犬です。とてもかわいかったです。でも先週、死んでしまいました。＜表情に出して大げさに＞とても悲しいです。

L：犬が死んで、とても悲しいです。

T：友達から手紙が来ました。うれしいです。

L：友達から手紙が来て、うれしいです。

動詞・い形容詞が定着したあと、な形容詞・名詞の「～で」を導入する。

例：父の病気が心配で、勉強できません。

あの人の説明は複雑で、わかりませんでした。

犬が病気で死んでしまいました。

台風で飛行機が出発できません。

注1．文末には「うれしい、かなしい、残念、歩けない、できない」などの感情表現が多いことを例を挙げて教える。

注2．理由の意味に使う場合の動詞の否定形は「なくて」で、「ないで」は使わないことをしっかりと押さえて教える。

注3．原因・理由の「～て」の文は、学習者に自由に作らせると不自然な文が出やすいので、文末に来る言葉を制限するなどの指導上の工夫が必要である。

［3］「ために」の導入

雪、台風など、その季節にあったことやニュースのトピックで導入する。

T：昨日は試験でした。しかし、わたしは試験が受けられませんでした。＜困った顔をして＞雪で電車が遅れたからです。雪で電車が遅れた・た・め・に、試験を受けられませんでした。電車が遅れたために、試験を受けられませんでした。＜リピートを促す＞

L：＜リピート＞電車が遅れたために、試験を受けられませんでした。

> おくれた<u>ために</u>、試験を受けられませんでした。
> 雪の<u>ため</u>、電車はおくれています。

注．駅の放送などでよく聞く表現なので、聴解として、聞き取らせる練習をするとよい。（例：駅の放送「ただいま電車は雪のため、15分ほど遅れております」など）。

［4］「～く／になりました」の導入

同一人物の、具合の悪そうな絵、横になって休んでいる絵、元気そうな絵を、3枚用意する。

T：＜具合の悪そうな絵を見せ＞タンさんです。どうしたのでしょう。

L：＜口々に＞病気です。……元気じゃありません。……頭が痛いんです。……

T：そうですね。タンさんは気分が悪いのです。少し休みます。＜と言って、休んでいる絵カードを見せ＞2時間休みました。＜と言って、元気な様子の絵カードを見せ＞今、気分がいいです。気分が……よ・く・なりました。気分が……＜と促す＞

L：気分がよくなりました。👆

T：タンさんは、今、元気です。元気になりました。

L：＜リピート＞元気になりました。👆

そのあと、このように変化の意味の「なりました」の前は、名詞・な形容詞の場合「〜に」、い形容詞の場合「〜く」となることを、板書して示す（［5］の板書参照）。

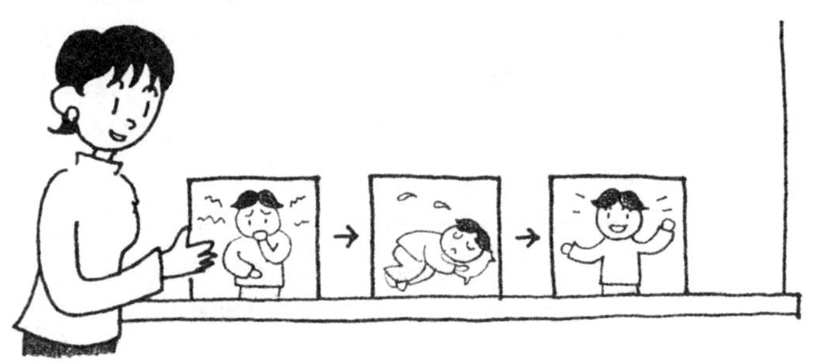

［5］「［動詞］ようになりました」の導入

歩きはじめの赤ちゃんの絵カードを用意する。

T：＜絵を見せる＞わたしの友達の赤ちゃんです。ともちゃんです。かわ
　　いいでしょう。先週は、まだ歩けませんでした。きのう、1歩、
　　歩きました。＜真似をして見せる＞今日は、3歩、歩けます。歩け
　　る・よ・う・に・なりました。＜リピートを促す＞
L：＜リピート＞歩けるようになりました。

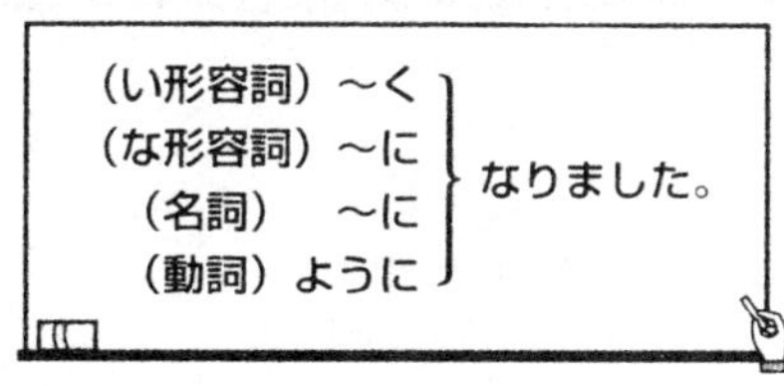

　導入が終わり、意味と形の作り方を理解したら、「～歳のとき、～ができ
るようになりました」ということがわかる絵を使って、自分のことについて
言う練習をさせる（例：「10歳のとき、自転車に乗れるようになりました」）。

注．動詞の場合は「辞書形＋ようになりました」のように、間に「ように」が入る
　　ことをしっかり教える。

タスク例　「短文完成マッチング」

　原因・理由の「～て」を使って、言葉をつないで文を作るタスク（巻末教材
26 P.237参照）。
　学習者を2人ずつのグループに分け、各グループに「前の文」と「後の文」
のカードを12枚ずつ配る。学習者は互いに協力して「前の文」の終わりを
「～て／～なくて、で／じゃなくて」に変えて、「後の文」につなげ、意味の
ある文を作る。つなぎ方はひと通りとは限らない。できた文は紙に書き、あ
とで発表する。
　例：「くらいです」「見えません」→「くらくて、見えません」

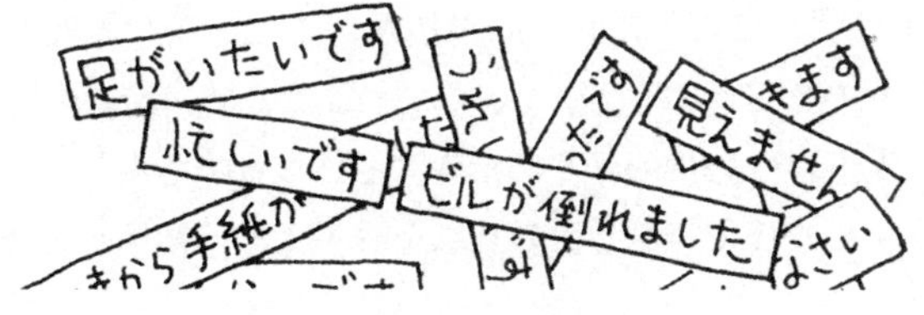

条件文 その2

 文型

1． ここをおす<u>と</u>、テープが出ます。

2-1． 雨が<u>降れば</u>、ジョギングしません。

2-2． 天気が<u>よければ</u>、ジョギングします。

3-1． <u>必要なら(ば)</u>、買います。

3-2． いい<u>天気なら(ば)</u>、泳ぎに行きます。

4． 1時間も待った<u>のに</u>、友達は来ませんでした。

 文法知識の整理

「～と」の用法には次のようなものがある。

1．恒常　常に繰り返される自然現象や作用・真理などについて述べるもの。
　　　　文末が現在のもの。例：春が来ると暖かくなります。

2．発見　前の文の行為によって、既に起こっていたこと、あったことなど
　　　　を、発見するという意味のもの。文末が過去のもの。例：ドアを
　　　　開けると、犬がいました。箱を開けると、時計が入っていました。

3．契機　前の行為がきっかけとなって、次のことが起こるもの。
　　　　例：薬を飲むと、眠くなりました。

4．時　例：家で寝ていると、電話がかかってきました。

5．順次動作　例：兄は、上着を着ると出ていきました。

　2、3、4は「～たら」にもこの用法がある（22課を参照）。初級では、
文末が過去のものを扱うことは少ないので、ここでは、**恒常**の用法を扱う。

　恒常の「～と」は「**必然的に～になる**」という意味であるから、文末は成
り行きを表すものだけで、話し手の意志を表す文や、相手への働きかけのあ

る依頼・命令・願望・禁止などを表す文は来ない。

　「〜ば」の文は最も典型的な**仮定**を表す文である。仮定条件文で「安ければ、買います」と言う場合、安いことは買うための必要条件であり、裏には「安くなければ、買いません」という対比的な暗黙の了解がある。「〜ば」の文で表されることは論理的であり、条件を表す前の文に焦点がある。

　「〜ば」の文では「〜ば」の前の言葉が動作動詞である場合、一般的には文末に話し手の意志を表す文や、相手への働きかけのある依頼・命令・願望・禁止などを表す文は来ない。

　一方、「〜ば」の前の言葉が「状態動詞（あれば、いれば）、ない形（しなければ）、可能動詞（書ければ）、形容詞」などのように状態を表す場合は、この制限はなくなる（例：お金があれば、買うつもりです。寒ければ、窓を閉めてください）。

「〜ば」の形の作り方

五段動詞	辞書形の最後の音を「え段」に変えて「ば」をつける。
一段動詞	辞書形の「る」を取って「れば」をつける。

動詞	五段	かけば	かかなければ
	一段	たべれば	たべなければ
	する	すれば	しなければ
	くる	くれば	こなければ
い形容詞		大きければ	大きくなければ
	（いい）	（例外）よければ	よくなければ
な形容詞		元気なら（ば）	元気じゃなければ
名　　詞		病気なら（ば）	病気じゃなければ

 教え方の例

［1］「［動詞］と、〜」の導入

　「押す、まわる、止まる」などの必要な語彙が未習であれば、事前に導入しておく。ビデオかテープレコーダーにあらかじめテープを入れておく。

T：＜取り出しボタンを押して見せて＞ここを押します。テープが出ます。こ
　　こを押すと、テープが出ます。＜といいながら板書する。次にテープをもう
　　一度入れ、プレーボタンを押して＞ここを押すと、テープがまわります。
　　＜ストップボタンを押して＞ここを押すと、テープが……＜先を促す＞
L：ここを押すと、テープが……止まります。
T：＜自動券売機の絵を見せて＞ここにお金を入れると、……＜先を促す＞
L：ここにお金を入れると、……切符が出ます。＜このように、その他の電
　　気製品でも練習させる＞

　そのあと、「春になると、いつも花が咲きます」「お酒を飲むと、いつも眠
くなります」などの文を「いつも」という言葉を入れて提出し、用法をわか
らせる。次に、文の前半を教師が言い、学習者に後半を言わせる練習をする。
「冬になると……」「電気をつけると……」など。例文は文末が現在形のもの
に限る。
　「と」の前の接続は普通形の現在形であることを教える。
　文末に制限があるので、「『～と』の文では『私はします。私は～たいです。
～してください。～てはいけません』などの文はだめです」のように、学習
者のわかる言葉で説明し、板書して注意する。

[2-1]「〔動詞〕ば、～」の導入
　指人形2つか、なければ2人の人が話している絵カードを用意する。

T：＜指人形を使って、一人二役で会話をして見せる＞
アキ：ユリさん、スマートですね。何かしているんですか。

ユリ：ありがとう。ジョギングしているんですよ。

アキ：ほんとう。えらい！　毎日ですか。

ユリ：ええ。でも、雨が降れば、しませんよ。

アキ：＜大いにうなずく＞

T：＜指人形は退場させ、教師に戻る＞ユリさんは、どんなときにジョギングしませんか。雨が降れば、ジョギングしません。雨が降らなければ、ジョギングします。＜と言いながら板書する＞

> 雨がふれば、ジョギングしません。
> 雨がふらなければ、ジョギングします。

　以上の導入で、「～ば」の大まかな意味と使い方をわからせたら、まず、動詞の「～ば」の形の作り方を動詞のグループごとに導入し、「～ば」の形の練習をする。肯定形を定着させたあと、否定形の「～なければ」を導入し、練習する。形が定着したあと、肯定・否定を対にした次のような文で、教師が途中まで提示し、学習者に下線の文末部分を完成させる練習をする。

　例：練習すれば、上手になります。練習しなければ、上手になりません。
　　　薬を飲めば、治ります。薬を飲まなければ、治りません。

[2-2]「〔い形容詞〕ば、～」の導入

　次に、い形容詞の「～ければ」「～なければ」形の作り方を導入・練習し、文でも練習する。

> 天気がよければ、ジョギングします。
> 天気がよくなければ、ジョギングしません。

　例：天気がよければ、海が見えます。天気がよくなければ、見えません。

［3］「〔な形容詞〕なら（ば）、〜」「〔名詞〕なら（ば）、〜」の導入

T：来週から、旅行に行きます。でも、かばんがありません。仕方があ
　　りません。必要です。必要だったら、買わなければなりません。必要
　　なら、買います。
L：＜リピート＞必要なら、買います。

必要なら（ば）、　買います。
必要じゃなければ、　買いません。
いい天気なら（ば）、泳ぎに行きます。
いい天気じゃなければ、　泳ぎに行きません。

　意味がつかめたら、な形容詞と名詞の「〜なら（ば）」「〜じゃなければ」
の形を提示し、練習する。次に、文で練習をする。

例：そのかばんが丈夫なら（ば）、買います。丈夫じゃなければ、買いませ
　　ん。
　　明日、いい天気なら（ば）、泳ぎに行きます。いい天気じゃなければ、
　　行きません。

［4］「〜のに」の導入

　絵を2枚用意する。1枚は人が駅で友達を待っている絵、もう1枚は同じ
人の1時間後の不満そうな表情の人の絵。

T：キムさんは友達と「３時に駅で会いましょう」と約束をしました。＜絵を見せながら＞キムさんは駅で友達を待っています。30分たちました。しかし、友達は来ません。50分たちました。まだ来ません。変ですね。＜１時間後の絵を見せる＞キムさんは１時間も待ちました。しかし……、友達は来ませんでした。キムさんは怒っています。キムさんは１時間も待ったのに、友達は来ませんでした。

L：＜リピート＞キムさんは１時間も待ったのに、友達は来ませんでした。

　上記のように例を出して意味・用法の導入をする。そのあと、文の前半を出して、後半を完成させる練習をする。

　例：遅くまで勉強したのに……遅くまで勉強したのに、できませんでした。

　　　あの店は高いのに……あの店は高いのに、おいしくないです。

　　　元気なのに……元気なのに、学校を休んでいます。

　　　子どもなのに……子どもなのに、12時まで起きています。　など

注.「～ても」との違いについて質問が出たら、例文を板書し、簡単に理解させる。
　　例：もし雨がふっても、行きます。（降るかどうかわからない）
　　　　昨日は雨が降ったのに、ディズニーランドへ行きました。
　　　　Tさんは雨が降っているのに、傘もささないで歩いています。
　　　　（実際にあったことや実際に起こっていること）

タスク例　「道を教える」

　ほかの人に自分の家に行く道順を教え、地図を見ている人は道順を聞いてどの家か当てるタスク（巻末教材27　P.238参照）。

　初めに、関連語彙・表現を導入し、簡単な地図で道を教えるときの言い方を練習しておく（「道路、線路、横断歩道、信号、交差点、橋、角、まっすぐ、～側、～目、～を渡る、を曲がる、～へ／に曲がる」など）。

　数軒の家が書いてある地図を見せる。学習者にクジを引かせてほかの人にわからないように自分の家を地図上の位置で１、２、３……と割り当てておく。次に、順番に、駅から自分の家に行く道を言わせる。ほかの学習者はそれがどの家か当てる。

例：駅の前からまっすぐ行ってください。2つ目の交差点に花屋があり
　　ます。その花屋の角を右に曲がってください。また、まっすぐ行く
　　と、右側に白いアパートが見えます。私のうちはその2階です。

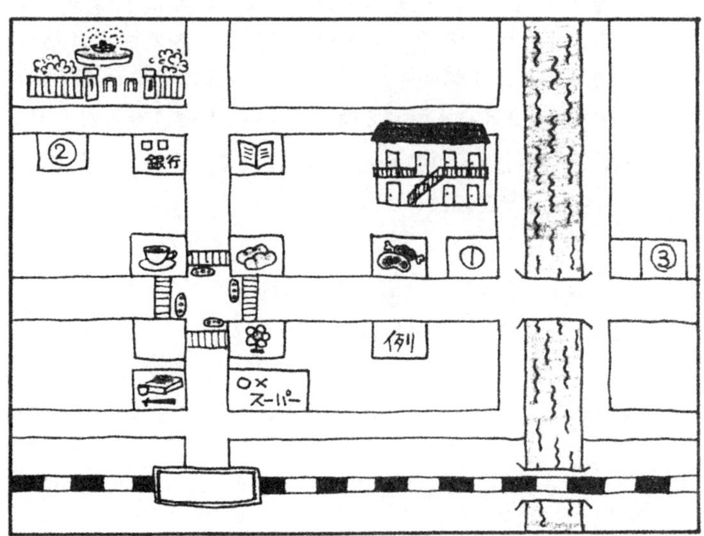

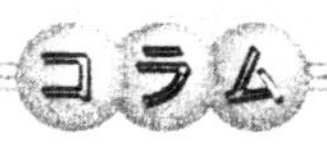

「～と、～」「～て、～」には文末の制限あり

　「寒かったら、窓を閉めてください」や「寒ければ窓を閉めてください」は普通の言い方ですが、「寒いと、窓を閉めてください」と言うと、変な感じがします。また、「寒くて、窓を閉めました」とは言いますが、「寒くて、窓を閉めます」とは言いませんね。どうしてでしょう。

　実は、文には「客観的な叙述文・成り行きを表す文」とか、「話し手の意志や判断を表す文」とか、「相手への働きかけのある文」といった違いがあるのです。「～と、～」や、理由を表す「～て、～」の文の文末には「客観的な叙述文・成り行きを表す文」しか来ないのです。だから、「寒くて窓を閉めました」はいいのですが、「寒くて窓を閉めます」と言うと、話し手の意志が出るから、変な感じがするのです。

「話し手の意志・判断を表す文」		「相手への働きかけのある文」	
意志	私が行く。	命令	行け。
	私が行きましょう。	禁止	行くな。
	行こう。		行ってはいけません。
意図	行こうと思っている。	勧誘	行きましょうか。
	行くつもりだ。		さあ、行こう。
義務	行かなければならない。	提案	行きませんか。
判断	行ったほうがいい。	許可	行ってもいいです。
希望	行きたい。	要求	行ってほしい。
		勧め	行った方がいいですよ。
		依頼	行ってください。

受け身

 文型

1. リンさんは先生に呼ばれました。
2. わたしはとなりの犬に手をかまれました。
3. 雨に降られて、ぬれてしまいました。
4. この建物は500年前に建てられました。

 文法知識の整理

「先生はリンさんを呼びました」に対し、「リンさんは先生に呼ばれました」を受け身文という。受け身文の主語には、人など感情を持つもの（有情）の場合（例：「わたしは父にしかられました」）と、そうではないもの（非情）の場合（例：「この辞書はよく使われています」）とがある。

また受け身の文には、**直接的な受け身文**と**間接的な受け身文**がある。直接的な受け身文とは、前出の文、「私は父にしかられました」のように、主語である「わたし」が父の「しかる」という動作の作用を直接受けることを表すものである。間接受け身文とは、「わたしはスリにさいふをとられました」のような文を言う。「とる」という動作の作用を直接受けるのは「さいふ」であるが、「さいふ」を主語にして「わたしのさいふはスリに〜」とは言わず、とられたことで困った状況におちいる「わたし」を主語にし、とられたことにより、「わたし」が間接的に影響を受けたことを表す。また、「雨に降られて、ぬれてしまいました」のような文も、「雨が降る」という自動詞で表される自然現象を受け身で表現することにより、間接的に人が迷惑を受けたという意味をもつ。このように、間接的な受け身文には、多くの場合、**迷惑や被害を受けた**という意味合いがある。自動詞でも受け身文になるものが

あるということは、日本語の特徴である。

　非情の受け身文は、主に社会的な事実を客観的に述べるときに使われ、新聞やテレビのニュースなどに数多く見られる。動作主は言及されないことが多いが、不特定多数でもその動作主を限定するときには「子どもたちに読まれている」とか「お年寄りに使われている」のように助詞「に」が使われる。また「厚生省から発表された」とか「アルクから発売される」のように、出所を表すときには「から」が使われる。

　同じ行為でも、行為の影響を受ける側の気持ちによって、受け身文で言う場合と「〜てもらう／くれる」を使って言う場合がある。「AはBに手紙を読まれました」と「AはBに手紙を読んでもらいました」の2つの文は、手紙を読んだのはいずれもBであるという点では同じだが、初めの文では、Bの行為はAにとって**迷惑**であり、後の文では、AがBから**恩恵**を受けたという意味を持つ。

受け身形の作り方

五段動詞	「ない形」の「ない」をとって「れる」をつける。 読む→読まれる
一段動詞	「ない形」の「ない」をとって「られる」をつける。 ほめる→ほめられる
不規則動詞	する→される　　くる→こられる

　受け身形は、一段動詞と同様の活用をする（例：「読まれる・読まれた・読まれない・読まれなかった・読まれて」など）。

 教え方の例

[1]「〜は〜に〔受け身形〕」の導入

　「しかる、ほめる、呼ぶ、招待する」などの、受け身文によく使われる必要な動詞を、あらかじめ絵カードで導入しておく。

Ｔ：＜Ａに向かって＞Ａさん。＜と呼びかける＞

Ａ：はい。＜と返事＞

Ｔ：＜学習者に向かって＞先生は何をしましたか。

Ｌ：先生はＡさんを呼びました。

Ｔ：そうですね。＜と言いながら、その文を板書する。　その下に受け身文を書き、
　　２つの文を読んでリピートさせる＞

Ｌ：先生はＡさんを呼びました。Ａさんは先生に呼ばれました。

Ｔ：そうです。２つの文は同じ意味です。＜受け身の文を指し＞これを受け
　　身の文と言います。＜「呼ばれます」を指し＞「呼ばれます」は受け身
　　形と言います。

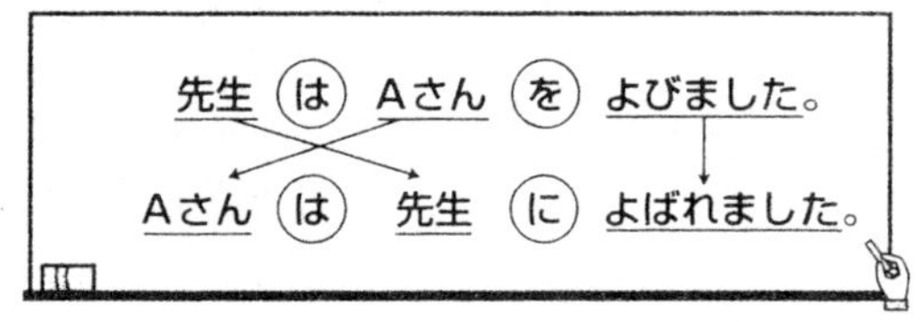

　黒板に書いた文に矢印や下線などをつけ、人物の位置が変わることや、助
詞に注目させる。次に動詞だけを取り上げ、受け身形の作り方を提示し、動
詞の絵カードやフラッシュカードで練習する。

　さらに絵カードで、一人がもう片方の人に招待状を渡している場面や親が
子どもをしかっている場面を見せ、主語を入れ替えて、二通りの文を言わせ
る。

［２］「〜は〜に〜を〔受け身形〕」の導入

　受け身文で表現できる絵（犬が手をかんでいる、子どもがテープを壊して
いるなど、体の一部や持ちものが被害を受けているもの）を用意する。

Ｔ：＜絵を一枚見せ＞山田さんです。どうしたんですか。文を言いましょう。

Ｌ：犬です。犬が山田さんをかみました。

Ｔ：はい。山田さんの気持ちは？

Ｌ：＜口々に＞こわいです。……　いたいです。……　いやです。……

Ｔ：そうですね。そのとき、受け身の文で言います。言いましょう。

Ｌ：かむ。……　かまれる。……　山田さんは……犬にかまれました。……

194

Ｔ：はい。山田さんは犬にかまれました。どこをかまれましたか。
Ｌ：手をかまれました。
Ｔ：そうですね。山田さんは犬に手をかまれました。
Ｌ：＜リピート＞山田さんは犬に手をかまれました。

　同様に、ほかの絵を見せて文を言わせる。絵を見せるときは、絵の中の人やものを細かく確認したのち、文を言わせるとよい（例：「これはだれ？」「子ども」「何？」「テープ」「この人の気持ちは？」など）。受け身文が言えたら、それぞれの人物が困っているのだという気持ちを確認する。さらに、各自のいやな体験を発表させ、受け身文が正しく言えるよう練習する。

注１．体の部分や持ちものについて受け身文で言う場合は、「山田さんの手は～」と言わずに、「山田さんは手を～」という言い方をすることを教える。
注２．「～られて、困りました」のように、感情を表す言葉を添えるよう指導する。

［３］「〔自動詞〕の受け身文」の導入
　雨が降っている中、傘がなく、雨にぬれている人の絵を用意する。

T：山田さんです。山田さんはきのう出掛けました。帰るとき、雨が
　降りました。山田さんは傘を持っていなかったので、ぬれてしま
　いました。とても困りました。そのとき、受け身の文で言います。
　山田さんは雨に降られました。雨に降られて、ぬれてしまいました。
L：＜リピート＞雨に降られて、ぬれてしまいました。

注. このように、悪い結果になったとか、困ったという状況に注目させる。

　さらに、「出掛けようとしましたが、客に来られて、出掛けられませんで
した」などと、ほかの状況についても、受け身文で言わせる。

[4]「非情の受け身文」の導入
　観光地のイラストマップなどを用意する。

T：＜地図を見せながら＞これは京都の町の地図です。京都にはいろいろな
　建物があります。古い建物も新しいものもあります。これは古い
　お寺です。500年前からあります。この建物は500年前に建てられ
　ました。
L：＜リピート＞この建物は500年前に建てられました。

同様に、ほかの建物についても教師が情報を与え、学習者に受け身文で言

わせる（例：「京都タワーは30年前に建てられました」）。

　さらに、工場の生産品などを話題にして受け身文で言わせたり、学習者の国の建物についての文や、「～年に～でオリンピックが開かれます」などの文を作らせたりして練習するとよい。

注1．「この工場ではワインが造られています」のような文に関連して、「ワインはブドウから造られます」と、原料を表す「～から」を使った受け身文を紹介してもよい。ただし、材料を表すときは、「この建物は木で造られています」のようになるので、助詞の使い分けに注意すること。
注2．「この本は若い人によく読まれています」のように、特定の人に、と言いたいときは、動作主を表す言葉を添えることを教える。

インタビュー　「友達に聞いてみよう」

　受け身形を使った文で質問を作り、そのような場合にクラスメートならどうするかを聞く、というインタビュー（巻末教材28 P.239参照）。

　1）電車の中で足を踏まれたとき、どうしますか。

　2）外国人に、わからない言葉で道を聞かれたとき、どうしますか。

のような質問をし、答えを聞いて紙に書き込んだあと、発表する。

　さらに、これを教室外の活動に発展させてもおもしろい。身の回りの日本人に同じ質問をし、その答をクラスメートの出した回答と比較してみる。

28

受け身

使役

 文型

1．先生は子ども<u>を立たせました</u>。
2．先生は子ども<u>に</u>窓<u>を開けさせました</u>。
3．子どもは先生<u>に</u>窓<u>を開けさせられました</u>。
4．わたしに<u>歌わせてください</u>。

 文法知識の整理

　使役文とは、「部長は秘書にタクシーを呼ばせました」のように、上下関係のある場面で使われ、上位者が下位者に指示や命令などを出し、何かをさせることを表す文をいう。この「呼ばせました」のような動詞の形を**使役形**という。使役形を使う文でも、「お母さんは子どもにピアノを習わせています」のようなものは、上位者の下位者に対する**配慮**や**許容**を表す。また、「山田さんは、いつもおもしろいことを言って、みんなを笑わせるんです」のような文には、**誘発**の意味があり、このような使い方をする動詞には、ほかに「心配させる、困らせる、怒らせる、泣かせる」などがある。初級では、指示・命令の使役文を中心に扱っているが、このような文を初級学習者が日常生活で使う機会は少ない。むしろ行為者の希望を表す「～させてください」などの慣用表現を教えたほうが役に立つと言える。

　使役受け身文とは「きらいな料理を食べさせられました」のような文で、上位者の下位者に対する指示・命令を、**行為を行う下位者の立場**から言うときに使われる。また、「病院で3時間も待たされました」のように、**不快な状況**を強いられたときにもこの形を使う。

使役形の作り方

五段動詞	「ない形」の「ない」をとって「せる」をつける。 たつ→たたせる
一段動詞	「ない形」の「ない」をとって「させる」をつける。 たべる→たべさせる
不規則動詞	する→させる　　くる→こさせる

使役受け身形の作り方

五段動詞	「ない形」の「ない」をとって「される」をつける。 たつ→たたされる ＊「話す」のように辞書形が「す」で終わるものは 「話させられる」となる。
一段動詞	「ない形」の「ない」をとって「させられる」をつける。 たべる→たべさせられる
不規則動詞	する→させられる　　くる→こさせられる

　使役形も使役受け身形も、一段動詞と同様の活用をし、いろいろな形を持つ（例：「立たせた・立たせない・立たされて・立たされなかった」など）。

 教え方の例

［1］「〔自動詞〕の使役文」の導入

　小学校の教室風景で、教師が生徒にいろいろな指示を出してやらせている場面の絵を用意する。

　T：＜絵を見せ、絵の中の教師になって絵の中の子どもであるあきおに向かって＞
　　　「あきおくん、立って」＜と言う＞さあ、この先生は何と言いましたか。
　L：あきおくん、立って。
　T：そうですね。子どもはどうしましたか。
　L：あきおくんは立ちました。
　T：そうですね。この先生は言いました。「あきおくん、立って」。あきおくんは立ちました。先生はあきおくんを立・た・せ・ました。＜と言いながら板書。そしてもう一度読み、リピートさせる＞

L：先生はあきおくんを立たせました。

T：はい。<使役文を指し>これを使役の文と言います。<「立たせました」を指し>これを使役形と言います。

先生 は あきおくん (を) 立たせました。

　板書で助詞と使役形に注目させたあと、使役形の作り方を教え、練習させる。

　使役形が言えるようになったら、同じ絵を使って、教師が「えりさん、黒板の前へ来て」、「いすに座って」と言い、「先生はえりさんを黒板の前へ来させました」、「先生はえりさんをいすに座らせました」と、使役文の練習を行う。

注1．絵の中の教師のせりふを言うときは、口調や表情などで上下関係をわからせる。
注2．「娘を留学させる」と「娘に留学させる」のように、助詞「を」と「に」の両方が使えるものもある。「子どもを山道を歩かせる」のように、助詞「を」が重なるときは、「子どもに山道を歩かせる」のように、「に」を使う。

[2]「〔他動詞〕の使役文」の導入

　[1]と同じ絵を使い、目的語を伴った他動詞の文で教師が子どもに指示を出す場面で導入する。

T：この先生が言います。「あきおくん、窓を開けて」。それで、あきおくんは窓を開けました。このときも、使役文で言います。先生はあきおくんに窓を開けさせました。

L：<リピート>先生はあきおくんに窓を開けさせました。

T：<その文を板書し、助詞に注目させる>

先生は あきおくん (に) まど (を) あけさせました。

　同様に、「先生はともくんに漢字を書かせました」などと、ほかの文で練習を続ける。

［3］「使役受け身文」の導入

　会社で上司が部下にいろいろと言いつけている状況の絵を用意する。

T：＜人物や場面などについて描写をさせてから＞課長ですね。部下の林さんに
　　言っています。＜命令口調で＞「あした6時に会社へ来てください」。
　　さあ、使役の文で言いましょう。

L：課長は林さんをあした6時に会社へ来させます。

T：そうですね。林さんはどうしますか。どんな気持ちですか。

L：林さんはあした6時に会社へ来ます。……いやな気持ちです。

T：そうです。そのとき、「林さんは課長に、あした6時に会社へ来さ
　　せられます」と言います。＜と、はっきり発音しながら板書する＞

L：＜リピート＞林さんは課長に、あした6時に会社へ来させられます。

T：＜板書を指し＞この文を使役受け身の文と言います。＜動詞を指し＞こ
　　れを使役受け身形と言います。

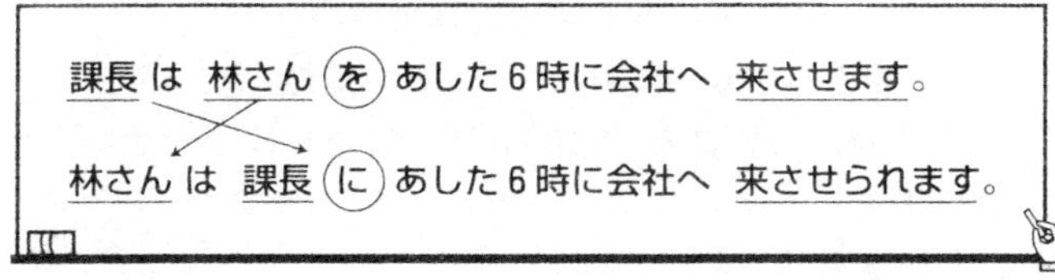

　次に、使役受け身形の作り方を動詞のグループごとに示し、形の練習を十
分行う。

　引き続き、教師は「今日中にレポートを書いてください」などの課長の言

葉を言い、学習者にまず「課長は林さんに、今日中にレポートを書かせます」
と使役の文を言わせてから「林さんは課長に、今日中にレポートを書かされ
ます」と使役受け身文を言わせる。このとき、教師は「レポートを書く人
は？」「レポートを書かせる人は？」「レポートを書かされる人は？」「林さ
んの気持ちは？」「どんな課長？」などと質問をして、学習者が状況を正し
く認識しているかを確かめる。

練習例

　恐妻家の夫がグチを言うような設定で練習する（例：「わたしは食事のあと
で、いつも茶碗を洗わされるんです」「デパートへ行くと、いつも妻の靴や
服を買わされるんです」など）。また、子ども時代のいやな体験などで使役
受け身の練習を行う（例：「学校から帰ったら、いつも勉強させられました」
など）。

注．命令されて行う場合ではなく、「郵便局の窓口が込んでいて、ずいぶん待たさ
れた」のような言い方もよく使うので、教えておく。

［4］「〜させてください」の導入

　マイクを持って歌っている場面の絵を用意する。

T：キムさんは歌を歌うことが好きなので、会社の友達とカラオケに
　　行きました。でも、友達がマイクを持って、ずっと歌っています。
　　キムさんは困っています。この次は、キムさんも歌いたいと思っ
　　ています。そのとき、キムさんは何と言いますか。

L：＜口々に＞わたしも歌います。……わたしも歌いたいです。

T：そうですね。このとき、この次は、わたしに歌わせてください、
　　と言います。＜と言って板書し、学習者にリピートさせる＞

L：わたしに歌わせてください。

T：このとき、キムさんは歌いたいのです。そして頼んでいます。そ
　　のとき、この形を使って言います。

　ここで、「電話を使わせてください」「あした休ませていただけませんか」
のような、よく使う依頼表現を教える。

タスク例　「ひどいレストラン」

　絵カードを見せながら、受け身や使役などの表現を使った短いストーリー
を読み聞かせ、あとで再生させるというタスク（巻末教材29 P.240-241参照）。
　「この前、友達とレストランへ食事をしに行きました。……隣のテーブル
の人たちがたばこを吸っていたので、たばこの煙がわたしたちのほうへ来ま
した。わたしたちは、隣の人にたばこをやめさせたかったので、ウェートレ
スに『たばこをやめてくださいと、となりの人に言ってくれませんか』と頼
みました。ところが、『すみません。あちらの席は禁煙席じゃないので……』
とウェートレスに断られました。わたしたちは……」
　このように文を聞かせたら、内容についてQ＆Aをしたあと、もう一度絵
を見せながらリプロダクション（話の再生）をさせる。そのとき、受け身や使
役、使役受け身の文を使うように指導する。学習者側からそれらの形がすぐ
出ない場合は、いくつかの文を板書して促す。このあと、ここで使った教室
サイズよりも小さいサイズの絵カードのセットを用意して、グループやペア
で練習させることができる。最後に作文として書かせてもよい。

第30課

敬語

 文型

1. 何を<u>召し上がり</u>ますか。
2. 何時ごろ<u>お帰りになり</u>ますか。
3. わたしが<u>お持ちし</u>ます。
4. ブラジルから<u>まいりました</u>。
5. 家具売り場<u>でございます</u>。

 文法知識の整理

　日本語では、話し手は、聞き手や話の中に出てくる人物との**人間関係**（社会的な上下関係や親しさの程度など）や**場面**（相手との距離や改まった場所かどうか、など）を考慮して表現形式を選ぶ必要があり、これを**待遇表現**という。**敬語**は、聞き手や話題になっている人物に対する**敬意**を表す待遇表現である。敬語には大別して、**尊敬語、謙譲語、丁寧語**の３つがある。話し手が、聞き手や話題になっている人物の行為や状態、所有物を高めて用いる言葉は、尊敬語である（例：「先生は図書室にいらっしゃいます」）。一方、話し手自身の行為を低めることによって敬意を表す言葉は、謙譲語である（例：「先生にお目にかかります」）。また、「３階は婦人服売り場でございます」などのように、話し手や聞き手の行為などにかかわりなく、丁寧に言うことで直接、聞き手に敬意を表す言葉は、丁寧語である。

　動詞の尊敬語、謙譲語には以下のような形がある。
　　尊敬語……1．特別な形（例：いらっしゃる、なさる、おっしゃる）
　　　　　　　2．お／ご＋動詞「ます形」の「ます」をとった形＋になる
　　　　　　　　（例：お待ちになる、ご欠席になる）

　　　　3．動詞「ない形」の「ない」をとった形＋れる／られる

　　　　　（例：行かれる、出られる…受け身形と同じ形）

　謙譲語……　1．特別な形（例：まいる、いたす、申す）

　　　　　2．お／ご＋動詞「ます形」の「ます」をとった形＋する

　　　　　　（例：お待ちする、ご案内する）

　なお、形容詞、名詞の敬語表現もある（例：お忙しい、お宅、など）が、こ
こでは扱わない。

 ## 教え方の例

[1]「尊敬語の特別な形」の導入

　レストランで会話している2人の人物の絵を2種類、1枚は友人同士、も
う1枚は上司と部下であることがわかるものを用意する。

T：＜友人同士の絵を見せて＞**小林さんとキムさんです。**＜「だれですか」「どこにい
ますか」「何をしますか」などの質問で、2人が友人同士で、これから食事をする場面で
あることを確認する＞**2人は何と言いますか。**＜キムさん、小林さんの役で学習
者に会話を考えさせる＞

A：**小林さんは何を食べますか。**

B：**わたしはカレーライスにします。**

T：**そうですね。**＜次にもう1枚の絵を見せて＞**じゃあ、これは？**＜上と同様に、
絵カードの人物を考えさせてから＞**この人はキムさんの会社の社長です。キ
ムさんは社長に何と言いますか。**＜と問いかけて、答えがなければ＞**キムさ
んは社長に「何を食べますか」とは言いません。「何を召し上がりま
すか」と言います。尊敬語です。言いましょう、何を……**

L：＜リピート＞**何を召し上がりますか。**

　続いて、動作を表した絵カードで「いらっしゃる／おいでになる（いる・行く・来る）、おっしゃる、なさる、ご覧になる、お休みになる（寝る）」などを導入し、「ます形」から**尊敬語への変換練習**（先生は研究室にいます→先生は研究室にいらっしゃいます）をする。次に、**学習者に何枚**かずつ絵カードを渡し、ペアで「どちらへいらっしゃいますか」「新宿へ行きます」のような形で**練習させる**。このとき、答えるほうは敬語を使わないように指導する。

注1．尊敬語を使う対象は、社会的な上位者だけでなく、自分のグループのソトの人や、あまり親しくない人も含まれる。また、ソトの人に対して自分のグループのウチの人を話題にして話すときは、上位者でも尊敬語は使わないことも注意する（社内の人に：「社長は2時にいらっしゃいます」、社外の人には：「社長は2時に来ます　まいります」）。
注2．「いらっしゃる、おっしゃる、なさる」などは、音便により、「ます形」が「いらっしゃいます、おっしゃいます、なさいます」となるので注意する。
注3．「〜ています」は「〜ていらっしゃいます」、「知っています」は「ご存じです」となる。

［2］「お〜になります」の導入

　特別な形のない、そのほかの動詞の尊敬語「お〜になる」の例を導入して板書し、［1］と同様に動作を表した絵カードで基本的な動詞の「ます形」から尊敬語への変換練習をする。そのあと、「何時にお帰りになりますか」「7時ごろ帰ります」のような形で応答練習をする。スムーズに言えるようになったら、ペアで、一方を上位者に見立て、一日の行動について尊敬語を使って質問し合う練習をする。

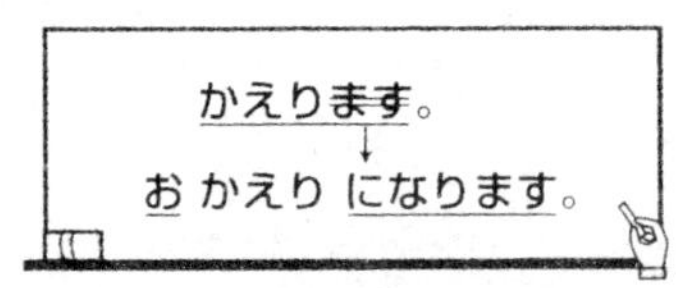

注．尊敬語を使う場合、動詞以外の言葉も、場合によっては丁寧な表現に変える必要がある（どこ→どちら、国→お国、家族→ご家族など）。この段階では、これらの言葉は決まった表現として教える。

活動例

　グループの一人を来日した有名人に見立て、ほかの学習者は記者になって質問を考え、VIPインタビューを行う形でも練習できる（質問例：「日本で何をご覧になりたいですか」「〜さんとお会いになりますか」など）。

［3］「お〜します」の導入

　相手の人の荷物を持とうと申し出ている場面の絵を、［1］と同じ人物の組み合わせで2種類用意する。

　　T：＜友人同士の絵で＞キムさんは何をしますか。
　　L：小林さんの荷物を持ってあげます。
　　T：ええ。そのとき、キムさんは何と言いますか。
　　L：わたしは持ちます。
　　T：そうですね。「わたしが持ちます」と言います。＜上司と部下の絵で＞このときはどうですか。＜学習者から出なければ＞「わたしがお持ちします」と言います。＜板書して＞☞　謙譲語です。言いましょう。わたしが……
　　L：＜リピート＞わたしがお持ちします。

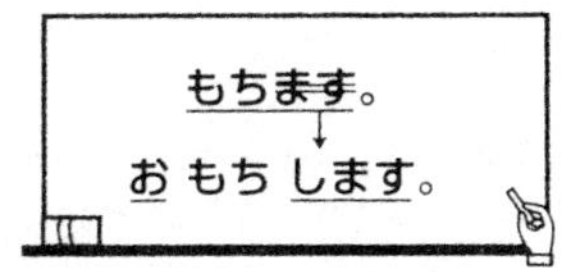

　このあと、［2］と同様に絵カードで謙譲語への変換練習、応答練習をする。また、上の例のように、何かを申し出ている場面の絵を用意して「〜ましょうか」の形でも練習する（「お手伝いしましょうか」、「お取りしましょうか」など）。

　尊敬語、謙譲語の違いをわかりやすく示すために、絵カードのほかに、裏にマグネットシートをつけた社長とキムさんの絵を用意するとよい。黒板に線を引いて、初めは両方を同じ高さにおいておく。そして、尊敬語の場合は社長の絵を線の上に持ち上げ、謙譲語の場合はキムさんの絵を下に下げる。

注．敬意を表す対象と関係のない、自分自身の動作（「映画を見ます」など）については謙譲語を用いないので注意する。

[4]「謙譲語の特別な形」の導入

　「申す／申し上げる、いただく（食べる／もらう）、まいる（行く／来る）、おる、いたす、うかがう（聞く／訪ねる）」など、特別な形のある謙譲語を、自己紹介の場面で導入する（例：「～と申します。～からまいりました。～で～ております……」など）。次に、絵カードで変換、応答練習をする。

注１．特別な形のある尊敬語、謙譲語は、一覧表にして渡すとよい。
注２．謙譲語には、自分を低くするだけで聞き手に対する丁寧さを表すもの（例：「田中と申します」など）と、相手の行為や所有物に関係があるもの（例：「先生にお祝いを申し上げました」「社長の作品を拝見しました」など）があり、使い分けが必要となる。

[5]「～でございます」の導入

　まず、「～です」の丁寧な形として「～でございます」を紹介しておく。次に、駅やデパートの案内放送や、エレベーター内での案内の録音を聴かせ（実際の案内の録音ができなければ、教師がしゃべって録音したものでもよい）、丁寧語がどんな場所で、どのように使われているかをわからせる。

注．一般的にこの段階では、学習者が「～でございます」を使えるよう指導する必要はなく、聞いて理解できればよしとする。

ロールプレイ　「〜さんのお宅ですか」

　尊敬語、謙譲語を使って電話をかけたり、受けたりする練習（巻末教材30 P.242参照）。

　電話を取り次いでもらう、伝言を頼む（電話があったことを伝えてもらう／帰ったら電話してもらう／用件を伝えてもらう）などの場面から、クラスのレベルに合わせていくつかの会話例を練習し、ロールプレイをする。

会話例

　A：もしもし、Bさんのお宅ですか。

　B：はい、そうです。

　A：Aと申しますが、Cさん、いらっしゃいますか。

　B：今、出かけておりますが……

　A：そうですか。何時ごろお帰りになりますか。

　B：8時ごろ帰ると言っておりましたが……

　A：そうですか。では、またそのころお電話いたします。

　B：あ、そうですか。わかりました。Aさんですね。

　A：はい、そうです。失礼いたします。

　B：失礼します。

注．練習のとき、「そうですか」などのイントネーションに注意する。

巻末教材

これ
それ
これ
これ
それ
それ
あれ
あれ
ABCビル

	ともだち			
しつもん		—	—	—
なんじに 				
なんじに 				
にちようびに 				
きのう 				

＿＿＿＿＿＿＿＿さん

なにを？	○／×

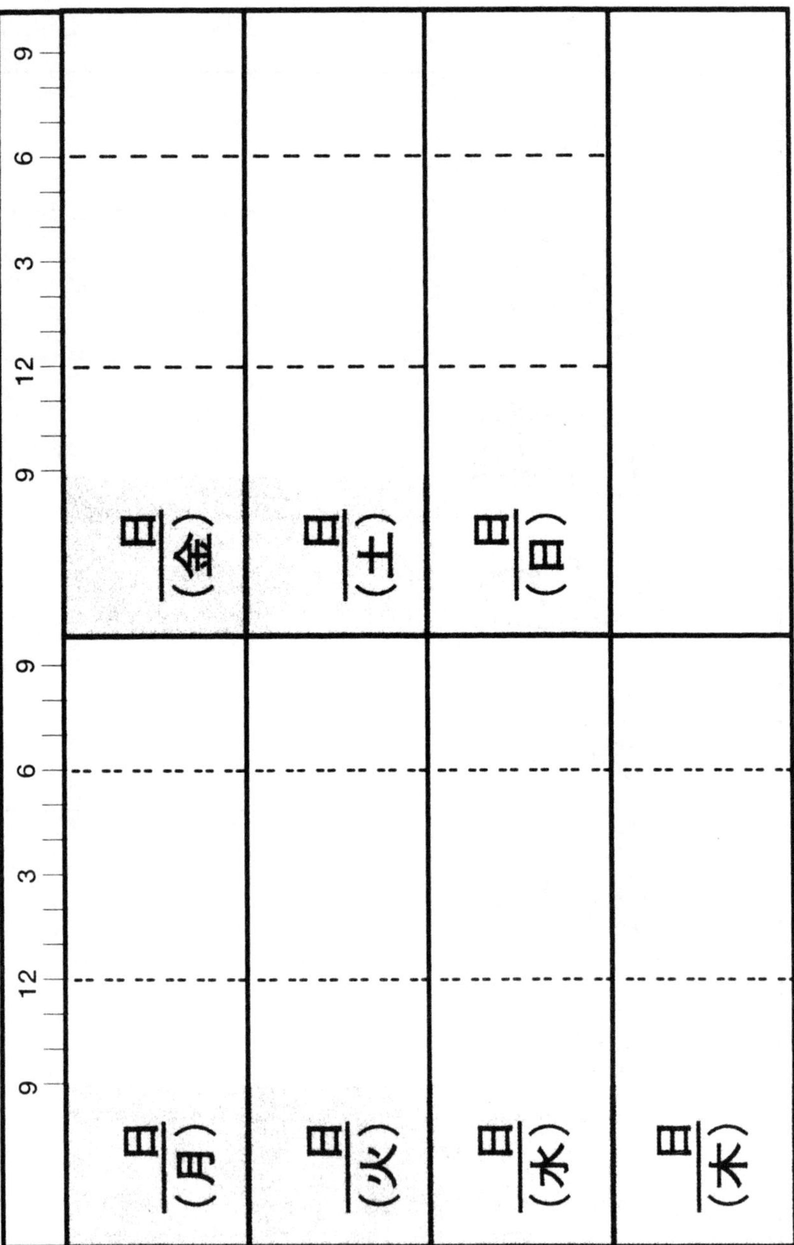

9
6
3
12
9
日（金）
日（土）
日（日）
9
6
3
12
9
日（月）
日（火）
日（水）
日（木）

使い方：コピーをしてペアとして使う。白い傘には赤・黄・青などの色を塗る。

図1
いとうさん
やまださん
たなかさん
図2
いとうさん
やまださん
たなかさん

スポーツが　好きです。

おさけは　好きですが、たばこは　きらいです。

やすみに　ゴルフを　しに　行きたいです。

スポーツが　好きです。

おさけも、たばこも　好きです。

やすみに　友だちと　サッカーを　したいです。

スポーツは　好きではありません。

おさけは　好きですが、たばこは　きらいです。

やすみに　えいがを　みに　行きたいです。

スポーツは　好きではありません。

おさけは　好きですが、たばこは　きらいです。

やすみに　カラオケに　行きたいです。

りょこうが　好きです。

たばこが　好きです。

やすみに　おんせんに　行きたいです。

りょこうが　好きです。

たばこが　好きです。

やすみに　車で、うみへ　行きたいです。

使い方：同じものが２枚になるように、コピーする。

[A]

1：＿＿＿＿さん、＿＿＿＿にいっしょに旅行したいですね。

2：わたしは＿＿＿＿か＿＿＿＿へ行きたいです。

3：そうですか。じゃ、＿＿＿＿へ行きましょう。

4：わたしは＿＿＿＿がいいですね。＿＿＿＿がいちばん
　　　＿＿＿＿です。

[B]

1：いいですね。＿＿＿＿さんはどこへ行きたいですか。

2：＿＿＿＿か＿＿＿＿ですか。わたしは＿＿＿＿のほうが
　　いいですね。＿＿＿＿は、＿＿＿＿行きました。

3：何で行きますか。＿＿＿＿さんは、＿＿＿＿と、＿＿＿＿と、
　　　＿＿＿＿の中で、どれがいいですか。

4：じゃあ、＿＿＿＿で行きましょう。

だれが	だれに	なにを	
わたし	＿＿＿＿さん ＿＿＿＿さん		あげました
＿＿＿＿さん ＿＿＿＿さん	わたし		くれました
＿＿＿＿さん ＿＿＿＿さん	＿＿＿＿さん ＿＿＿＿さん		あげました あげました

て形を書きましょう

	ます形	て形	ます形	て形
一段動詞	みます	みて	たべます	たべて
	おきます		あげます	
	着ます		ねます	
五段動詞	いいます	いって	あそびます	あそんで
	あいます		よびます	
	かいます		とびます	
	まちます	まって	のみます	のんで
	たちます		よみます	
	もちます		すみます	
	とります	とって	しにます	しんで
	うります			
	つくります			
	＊いきます	いって	かきます	かいて
			ききます	
			はたらきます	
	＊＊はなします	はなして	およぎます	およいで
	かします		ぬぎます	
	だします			
不規則動詞	します	して	来ます	来て
	勉強します			

＊例外　　＊＊特別

A
はやしさん　やまもとさん　（　　）さん　かわださん　　（　　）さん　　（　　）さん
どの人ですか　　　こばやしさん　　たなかさん　　かとうさん
B
（　　）さん　（　　）さん　こばやしさん　（　　）さん　　かとうさん　　たなかさん
どの人ですか　　　やまもとさん　　はやしさん　　かわださん

ロールカードＡ

あなたはアパートの大家さんです。今日、あなたのアパートに新しい学生が来ました。

①アパートのきまり（ルール）をその学生に話してください。

　　カギ…………２つしかありません。

　　その他………夜は、静かにしてください。

②学生の質問に答えてください。

　　ゴミ…………燃えるゴミは月・水・土曜日、
　　　　　　　　燃えないゴミは木曜日に出してください。

　　駐車場……ありません。

ロールカードＢ

あなたは学生です。今日から、新しいアパートに住みます。アパートの大家さんに会います。

①大家さんが、アパートのきまり（ルール）を話しますから、聞いてください。

　　カギ…………

　　その他………

②大家さんに、質問してください。

　　ゴミ…………

　　駐車場……

あなたはどちらが好^すきですか。

なまえ＿＿＿＿＿＿＿＿＿＿＿

		わたし	友^{とも}だちのなまえ
1 スポーツを 	a します。		
	b 見^みます。		
2 りょうりを 	a つくります。		
	b 食^たべます。		
3 友^{とも}だちに 	a てがみをかきます。		
	b でんわをします。		

しつもん　　　　　　　　友だち	＿＿＿さん	＿＿＿さん	＿＿＿さん
1 ＿＿＿＿＿へ行ったことがありますか。 （わたしの国）			
2 ＿＿＿の＿＿＿を＿＿＿＿たことがありますか。 （食べもの）			
3 ＿＿＿の人と＿＿＿＿たことがありますか。			
4 ＿＿＿の音楽を＿＿＿＿たことがありますか。			
5 ＿＿＿の映画を＿＿＿＿たことがありますか。			
6 ＿＿＿の＿＿＿を＿＿＿＿たことがありますか。			

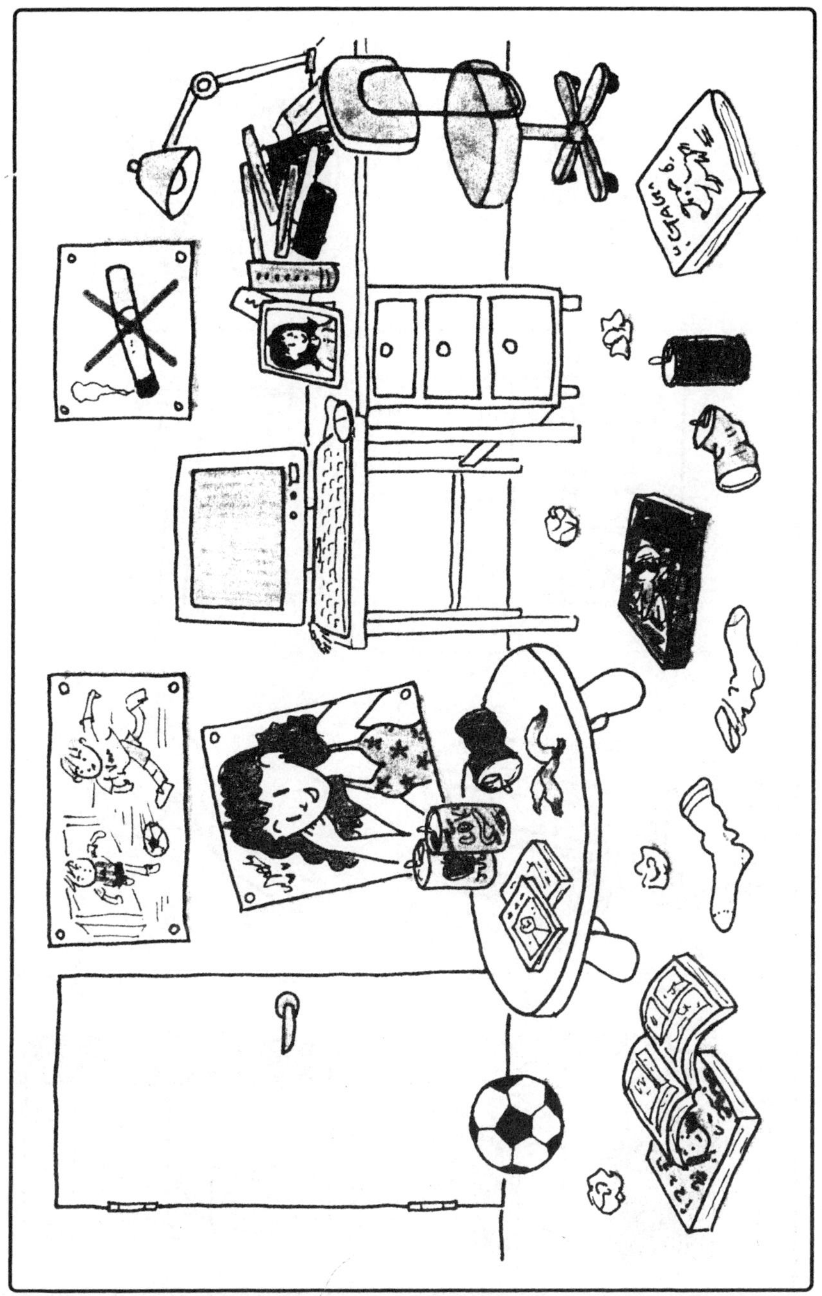

郵便
POST
〒
24
コンビニエンス

しつもん　　名前・国	＿＿＿さん（　　）	＿＿＿さん（　　）	＿＿＿さん（　　）
お国まで電話をするとき、100円で何秒話せますか。			
お国でスキーができますか。			
何歳からおさけが飲めますか。			
何歳で結婚できますか。			
何歳から車を運転できますか。			

もし、100 年前の世界に
行けたら

もし、大統領だったら

もし、100 万円もらったら

もし、神様が
「願いを一つだけ聞いてあげる」
と言ったら

もし、男／女だったら

もし、もう一度、6 歳の
子どもになることが
できたら

もし、鳥だったら

もし、いくら食べても
太らなかったら

もし、犬だったら

もし、どんな仕事でも
できるロボットが
あったら

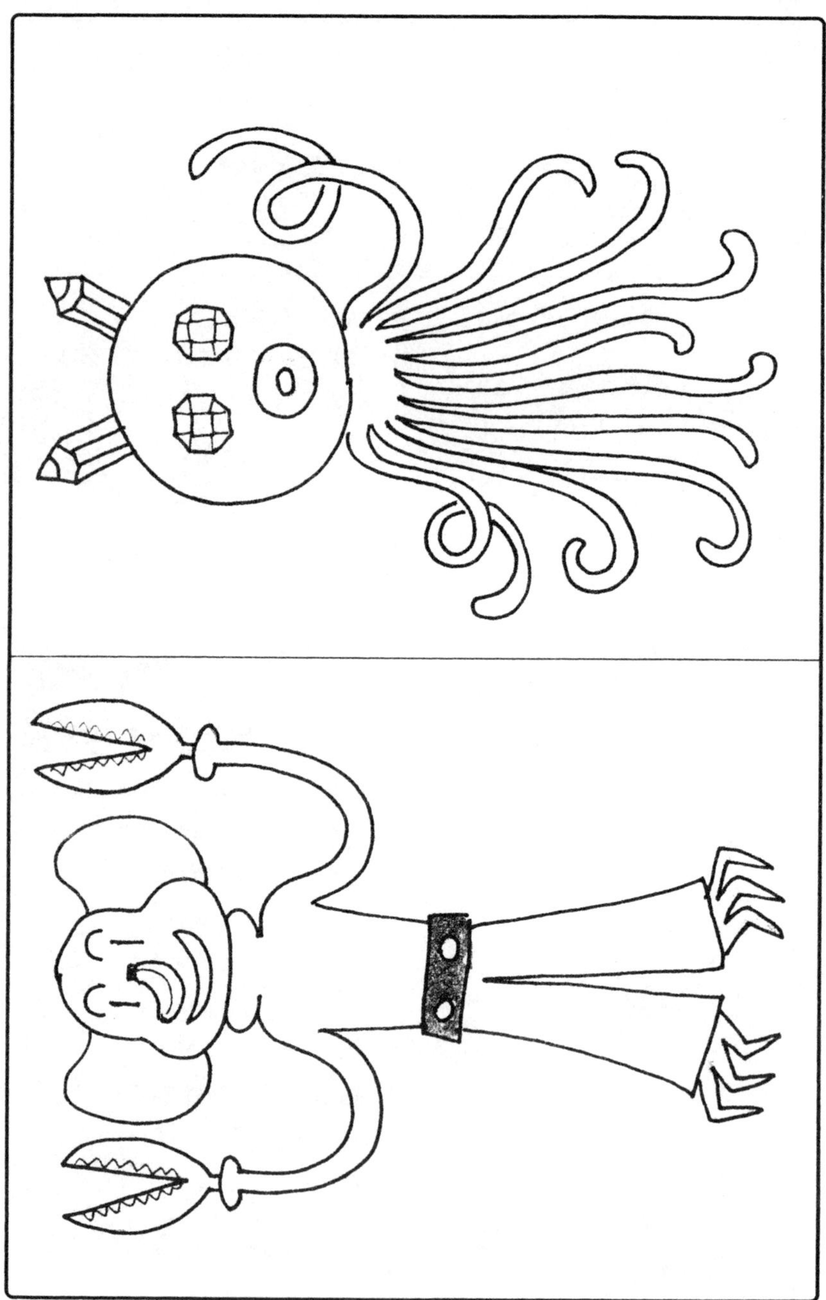

依頼カード	手伝いカード
アルクデパートへ行きたいですが、どこにあるかわかりません。	アルクデパートへ行ったことがあります。 地図を持っています。
足をけがしました。 歩いて買いものに行けません。	車があります。 これからスーパーに買いものに行きます。
アルバイトを探しています。 求人広告は漢字が多いですから、読めません。	中国人です。 日本語の漢字が読めます。
自動はんばいきでジュースを買いたいです。 こまかいお金がありません。	1,000円札や100円玉を持っています。
高い棚の上にある箱を取りたいです。 いすがありません。	背がとても高いです。
ドイツの大学から手紙が来ました。 ドイツ語が全然わかりません。	ドイツ語を3年間勉強しました。
日本語で手紙を書きたいです。 手紙の書き方がよくわかりません。	日本人と結婚しています。 よく日本語で手紙を書きます。
かぶきを見に行きたいですが、初めてですから、一人では行きたくないです。	かぶきが大好きです。 よく見に行きます。

Aカード	Bカード
友だちから手紙をもらいました。	うれしいです。
いい部屋がみつかりました。	よかったです。
おそくなりました。	ごめんなさい。
お金がありません。	日本語の本が買えません。
手伝ってくれました。	ありがとう。
きのうは寒かったです。	風邪を引いてしまいました。
忙しいです。	食事をする時間もありません。
足がいたいです。	歩けません。
風が強いです。	傘がさせません。
母の病気が心配です。	勉強できません。
先週、病気でした。	会社を休みました。
地震でした。	大きいビルが倒れました。

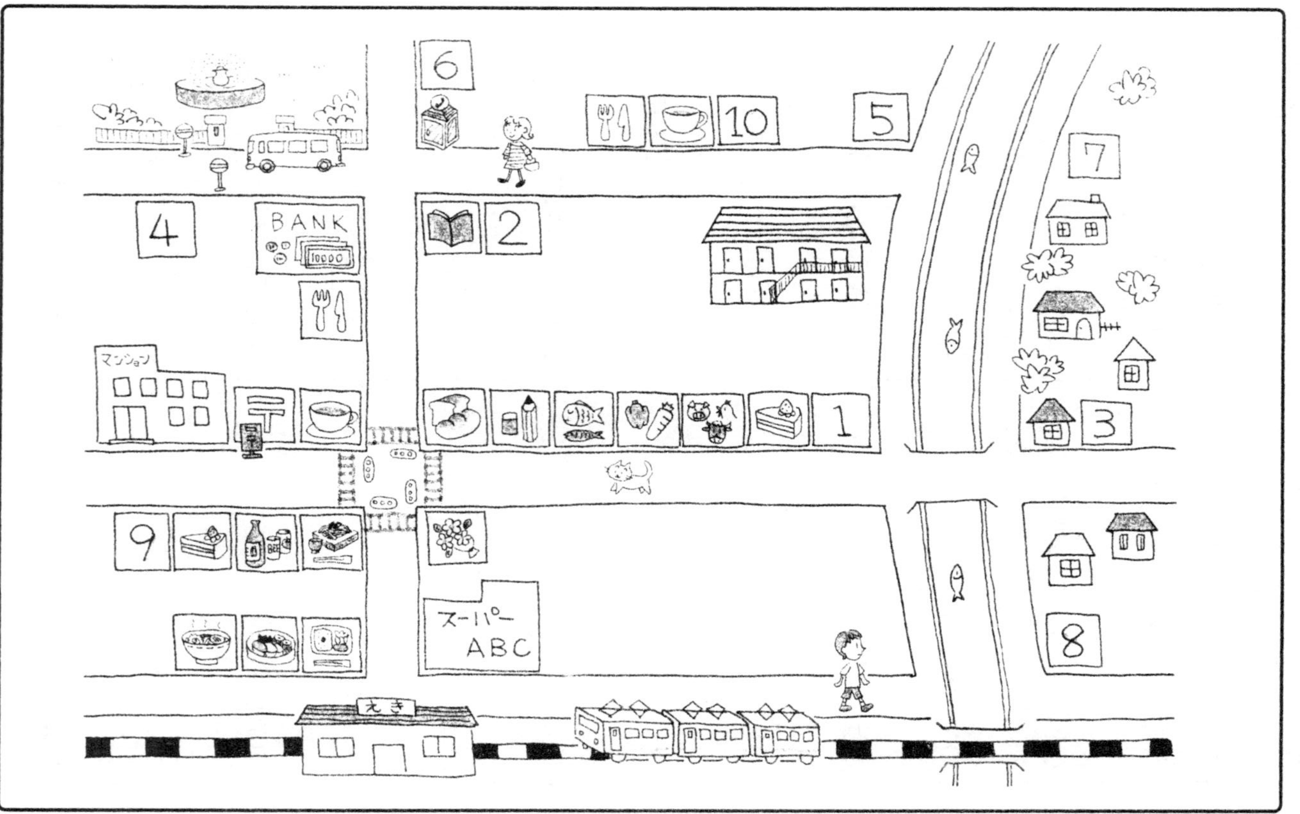

6
10
5
7
4
BANK
2
3
マンション
1
9
スーパー
ABC
8
えき

しつもん：「どうしますか」	____さん	____さん	____さん
電車の中で足を踏まれたとき、どうしますか。			
外国人に、わからない言葉で道を聞かれたとき、どうしますか。			
忙しいときに友だちに来られたら、どうしますか。			
店の人に、おつりを間違えられたとき、どうしますか。			
友だちに、貸したビデオカメラをこわされたとき、どうしますか。			

●シーン1

　この前、友達とレストランへ食事をしに行きました。知り合いの人がその店で働いていて、どうぞ来てくださいと言われていたのです。

●シーン2

　店に入って、テーブルに座って、メニューをもらいました。でも、店が混んでいて、ウェートレスはなかなか注文を聞きに来てくれませんでした。私たちは20分くらい待たされました。

●シーン3

　やっと注文した料理が運ばれてきました。食事を始めたとき、となりのテーブルの人たちがタバコを吸いはじめました。煙が私たちのテーブルのほうに来て、困りました。

●シーン4

　私たちは、となりの人にタバコをやめてほしかったので、ウェートレスに「たばこをやめてくださいと、となりの人に言ってくださいませんか」と言いました。ところが、「すみません。あちらの席は禁煙席じゃないので……」とウェートレスに断られました。

●シーン5

　私たちは、仕方なく、急いで食事をしました。もう料理は冷たくなっていました。食事が楽しくなかったので、友達に悪いと思いました。それで、レジでお金を払うとき、友達に「今日は私に払わせてください」と言いました。

●シーン6

　私が払おうとしましたが、さいふの中にお金が少ししかありませんでした。恥ずかしかったのですが、友達に払わせてしまいました。私は本当にひどい気持ちにさせられました。

1　田中ゆりこさんに電話してください。
　ゆりこさんがいなかったら、うちの人に「またあとで電話します」と言ってください。

2　田中ゆりこさんに電話してください。
　ゆりこさんがいなかったら、うちの人に「あとで電話をください」と言ってください。

3　田中ゆりこさんに電話してください。
　ゆりこさんがいなかったら、うちの人に「電話があったことをお伝えください」と言ってください。

4　田中ゆりこさんに電話してください。
　ゆりこさんがいなかったら、うちの人にメッセージをお願いしてください。
　メッセージ：あしたのパーティーは7時から始まります。

5　あなたは田中ゆりこさんのお母さん／お父さんです。
　ゆりこさんの友達からの電話を受けてください。
　ゆりこさんは今いません。8時ごろ帰ります。

6　あなたは田中ゆりこさんのお母さん／お父さんです。
　ゆりこさんの友達からの電話を受けてください。
　ゆりこさんは今いません。何時に帰るか、わかりません。

1～4は電話をする人。5、6は電話を受ける人。

●文型・文法項目　索引

	課	項目	ページ
■A			
AいN	6	1	51
Aい／くないです	6	3	53
Aかったです	6	7	55
Aくて／Aで、Aです	6	8	56
Aく／になります（変化）	26	4	181
Aく／にVます	12	6	93
Aけれは、～	27	2	187
Aそうです（様態）	23	1	161
Aです／じゃありません	6	4	54
Aですが、Aです	6	9	56
AなN	6	2	52
Aなら（は）、～	27	3	188
■N			
Nがあります／います（存在）	7	1	58
Nがいちばん～	9	4,5	73
Nで（交通手段）	5	2	46
Nでございます	30	5	208
NとNとどちらか～	9	3	72
NとNとNの中でどれかいちばん～			
	9	4	73
Nなら（は）、～	27	3	188
NのN（国籍と所属）	1	3	23
NのN（所有）	2	3	29
Nのほうが～	9	3	72
Nのようです（比況）	23	3	163
NはNです（人物）	1	1	20
NはNほど～（ない）	9	2	72
NはNより～	9	1	71
Nは～にあります／います（所在）			
	7	5	62
NをVます	4	1	38
はい、Nです	1	2	22
いいえ、Nじゃありません	1	2	22
■V			
V〔普通形〕N（名詞修飾）	17	1	123
～がV〔普通形〕N（名詞修飾）	17	2	124
V〔辞書形〕ことかあります	14	4	105
V〔辞書形〕ことができます	14	5	106
V〔辞書形〕ことです	14	3	105
V〔辞書形〕ことは～です	14	2	104
Vさせてください	29	4	202
Vそうです（様態）	23	2	162
Vたあとで、～	15	2	110
Vたいです	8	5	68
Vたことがあります	15	1	109
Vたほうがいいです	15	5	112
Vたまま、～	15	4	111
Vたら～（仮定）	22	1	155
Vたら、～（予定行動）	22	4	158
〔疑問詞〕Vたらいいですか	22	5	158
Vたり、Vたりします	15	3	111
Vつもりです	21	2	148
Vて	11	2	84
Vて、V	11	4	85
Vてあげます	25	1	173
V〔他動詞〕てあります	20	4	143
Vていただけませんか	25	3	175
Vています（動作の進行）	12	1	89
Vています（習慣・継続）	12	2	90
Vています（結果の存続・状態）	12	3	91
Vています（自然現象）	12	5	93
V〔自動詞〕ています	20	2	141
V〔他動詞〕ておきます	20	3	142
Vてから、V	11	5	86
Vてきます	20	6	144
Vてください	11	3	84
Vてくれます	25	2	174
Vてしまいます	21	4	150
Vてはいけません	18	1	129
Vてみます	20	5	144
Vてもらいます	25	1	173
Vてもいいです	18	1	129
Vても、～	22	2	156
V〔意向形〕と思っています	21	1	147
V〔過去形〕とき、Vました	17	4	125
V〔現在形〕とき、Vました	17	5	126
V〔現在形〕とき、Vます	17	3	125
V〔過去形〕とき、Vます	17	5	126
Vない	13	1	97
Vないで、V	13	3	98
Vないでください	13	2	97
Vながら、V	12	4	91
Vなくてもいいです	18	3	131
Vなければなりません	18	2	130
Vなら、～	22	3	157
Vに行きます（目的）	5	4	47
Vのか／をV	19	6	138
Vは、～	27	2	186
V〔辞書形〕まえに	15	2	110
Vました／ませんでした	3	3	35
Vます／ません	3	1,2	33.34
Vませんか／ましょう	5	5	48
Vようになりました	26	5	182
おVします（謙譲）	30	3	207
おVになります（尊敬）	30	2	206
■あ行			
あけます	10	1	77
あります・います（存在）	7	1～5	58～62
あります・います（所有）	8	3	66

A：形容詞　N：名詞　V：動詞

	課	項目	ページ
行きます・来ます	5	1,2	45,46
い形容詞	6	1,3,7	51,53,55
意向形	21	1	147
位置詞	7	2	60
いつ	5	3	47
移動動詞	5	1~5	45~48
受け身（直接受け身）	28	1	193
受け身（間接受け身）	28	2	194
受け身〔自動詞〕	28	3	195
受け身（非情）	28	4	196

■か行

	課	項目	ページ
家族の呼称	10	3	79
～かどうか	16	4	118
可能動詞	19	1	135
可能動詞（能力）	19	2	135
可能動詞（状況）	19	3	136
かもしれません	16	6	120
から（理由）	13	4	99
から～まで（時間）	3	2	34
義務	18	2	130
疑問詞～か	16	4	118
許可	18	1	129
禁止	18	1	129
くれます	10	4	80
謙譲（おVします）	30	3	207
謙譲語（特別な形）	30	4	208
行為の授受	25	1,2	173,174
この・その・あの	2	5	30
これ・それ・あれ	2	1	27

■さ行

	課	項目	ページ
使役〔自動詞〕	29	1	199
使役〔他動詞〕	29	2	200
使役受け身	29	3	201
辞書形	14	1	103
しています（形・色）	23	4	164
自動詞・他動詞	20	1	141
（～時）に	3	1	33
します（音・匂い）	19	5	138
授受	10	1,2,4	77,78,80
条件（たら／ても／なら）	22	1~5	155~158
条件（と／ば）	27	1~3	185~188
助数詞	7	4	61
所有	8	3	66
推量（でしょう）	16	5	119
推量（ようです）	24	1	167
推量（らしいです）	24	2	168
好きです	8	2	66
そうです（伝聞）	16	3	117
尊敬（おVになります）	30	2	206

	課	項目	ページ
尊敬語（特別な形）	30	1	205

■た行

	課	項目	ページ
たいです	8	5	68
た形	15	1	109
ために（原因）	26	3	181
だれ・どなた	1	2	22
つもりです	21	2	148
て／なくて、～（原因・理由）	26	2	179
て形	11	2	84
で（場所）	4	3	40
でしょう（推量）	16	5	119
と（条件）	27	1	185
と言います	16	2	117
と思います	16	1	115
とき	17	3~5	125~126
時を表す言葉	3	4	36
どう	6	6	55
どうして・なぜ	13	5	100
動詞の分類	11	1	83
どこ	4	4	41
どの	2	6	31
どれ	2	4	30
どんな	6	5	54

■な行

	課	項目	ページ
ない形	13	1	97
な形容詞	6	2,4	52,54
何か・何も	7	3	61
何を	4	2	40
何ですか	2	2	28
の（国籍と所属）	1	3	23
の（所有）	2	3	29
ので（理由）	26	1	179
のに（逆接）	27	4	188

■は行

	課	項目	ページ
～は～が	8	1~4	65~67
はずです	24	3	169
比較	9	1~5	71~73
普通形	16	1~6	115~120
ほしいです	8	4	67

■ま・や・わ行

	課	項目	ページ
見えます・聞こえます	19	4	137
名詞修飾	17	1~5	123~126
名詞文	1	1~3	20~23
もらいます	10	2	78
ようです（推量）	24	1	167
らしいです（推量）	24	2	168
～んです	21	3	149

●主な市販テキスト・参考書との対応表

<テキスト>
みんな：『みんなの日本語初級』Ⅰ、Ⅱ　スリーエーネットワーク編　スリーエーネットワーク
新基礎：『新日本語の基礎』Ⅰ、Ⅱ　(財)海外技術者研修協会(AOTS)編　スリーエーネットワーク
　　（＊印は『みんなの日本語初級』Ⅰ、Ⅱにのみ掲載されているもの）
初歩：『日本語初歩』　国際交流基金日本語国際センター編　凡人社
新文化：『新文化初級日本語』Ⅰ、Ⅱ　文化外国語専門学校編　凡人社
文化：『文化初級日本語』Ⅰ、Ⅱ　文化外国語専門学校編　凡人社
　　（＊印は『新文化初級日本語』Ⅰ、Ⅱにのみ掲載されているもの）
JBP：『JAPANESE FOR BUSY PEOPLE』Ⅰ～Ⅲ　国際日本語普及協会(AJALT)編　講談社インターナショナル
外大：『初級日本語』　東京外国語大学留学生日本語教育センター編　凡人社

<指導参考書>
YMCA：『入門日本語教授法』東京YMCA日本語学校編　創拓社
富田70：『これだけは知っておきたい日本語教育のための教授法マニュアル70例』(上)、(下)　富田隆行著　凡人社
丸山：日本語教育演習シリーズ①②『教えるための言葉の整理1・2』丸山敬介著　京都日本語教育センター
　　日本語教育演習シリーズ③④『さまざまな表現1・2』丸山敬介編　京都日本語教育センター

※算用数字は課を示す。　A：形容詞　N：名詞　V：動詞

課		項　目	みんな/新基礎	初歩	新文化/文化	JBP	外大	YMCA	富田70	丸山
1	1	NはNです。（人物）	1	1	生活会話	Ⅰ－1	1		1	③ Ⅱ－1
	2-1	～ですか。	1	1	1	Ⅰ－1	1		1	
	2-2	はい、Nです。			1/2					
		いいえ、Nじゃありません。	1	1	2	Ⅰ－1	1		1	
	2-3	だれ・どなた	1	1	2	Ⅰ－1	1			
	3	NのN（国籍と所属）	1	1	1	Ⅰ－1	1		4	
2	1	これ・それ・あれ	2	2	2	Ⅰ－4	1	1	2	④ Ⅳ－9
	2	何ですか。	2	2	2	Ⅰ－2	1	1	2	④ Ⅳ－9
	3	NのN（所有）	2	2	2	Ⅰ－2	1	1	2	④ Ⅳ－9
	4	どれ	8	2	3	Ⅰ－5	1	1	2	④ Ⅳ－9
	5	この・その・あの	2	1	3	Ⅰ－5	1	1		④ Ⅳ－9
	6	どの	16	1		Ⅰ－5	1			④ Ⅳ－9
3	1	～時にVます。	4	9	6		3	4	9	
	2-1	～時から～時まで	4	7	1	Ⅰ－3	5		9	
	2-2	Vません。		8	6	Ⅰ－6	3	4		
	3	Vました。／ませんでした。	4	10	7	Ⅰ－6	3	4	10	
	4	時を表す言葉	4	9	1,7,9/1,7	Ⅰ－3		3	4	9
4	1	NをVます。	6	8	6	Ⅰ－10	3	4	11	① Ⅳ－7
	2	何を	6	8	6	Ⅰ－10	3	4		
	3	～で（場所）	6	6	6	Ⅰ－10	3		11	① Ⅳ－1
	4	どこで	6	6	6	Ⅰ－10	3		11	
5	1	～へ行きます/来ます。	5	7	6	Ⅰ－6	4		9	③ Ⅲ－1
	2	Nで（交通手段）	5	9	10	Ⅰ－7	5			
	3	いつ～。	5	7	1	Ⅰ－3	4			
	4	Vに行きます。（目的）	13	11	11	Ⅱ－2	10		13	① Ⅳ－2
	5	Vませんか・Vましょう。	6	26	15,17	Ⅰ－16	19	8	46	③ Ⅱ－4

課		項　目	みんな/新基礎	初歩	新文化/文化	JBP	外大	YMCA	富田70	丸山
6	1	AいN	8	5	3	Ⅰ—13	2	2	5	①Ⅲ—1
	2	AなN	8	6	4	Ⅰ—13	6	2		①Ⅲ—1
	3	Aい／くないです。	8	6,8	4	Ⅰ—13	2	2	5	①Ⅲ—1
	4	Aです／じゃありません。	8	6	4	Ⅰ—13	6	2	5	①Ⅲ—1
	5	どんな	8	8	6	Ⅰ—13	2	2		
	6	どう	8	8	8	Ⅰ—14	5			
	7	Aかったです。	12	10	8	Ⅰ—14	5		17	①Ⅲ—1
	8	Aくて／Aで、Aです。	16	6,14	7／7,8	Ⅱ—2	7	2		①Ⅲ—1
	9	Aですが、Aです。	8		8		9			①Ⅲ—1
7	1	～にNがあります／います。（存在）	10	3,4	5	Ⅰ—8	6	3	7	③Ⅲ—6
	2	～の～に（位置詞）	10	3,4	5	Ⅰ—8	6	3	7	
	3	何か・何も	13、10	3	7	Ⅰ—8	6			
	4	助数詞	11	5		Ⅰ—5	6		19	
	5	Nは～にあります／います。（所在）	10	3	5	Ⅰ—9	6	3	7	
8	1	～は～が～。	9	24	15	Ⅰ—28	18		20	
	2	～が好きです。	9	22	6	Ⅰ—28	14		23	
	3	～があります／います。（所有）	9	24	11	Ⅰ—18	19			③Ⅲ—6
	4	～がほしいです。	13	22	23	Ⅱ—5	14	7	24	②Ⅴ—1
	5	Vたいです。	13	19	11	Ⅰ—28	14	7	25	②Ⅴ—1
9	1	NはNより～。	12	25	15	Ⅱ—1	18			④Ⅵ—1
	2	NはNほど～（ない）。		25		Ⅲ—19	18			④Ⅵ—1
	3-1	NとNとどちらが～。								④Ⅵ—1
	3-2	Nのほうが～。	12	25	15	Ⅱ—1	18			
	4-1	NとNとNの中でどれがいちばん～。								④Ⅵ—1
	4-2	Nがいちばん～。	12	25	15	Ⅱ—1	18			
	5	～の中でNがいちばん～。	12	25	15	Ⅱ—1	18			
10	1	～にNをあげます。	7	29	24／25	Ⅰ—15	8	19	48	②Ⅶ—3
	2	～にNをもらいます。	7	29	24／25	Ⅰ—15	8	19	48	②Ⅶ—3
	3	家族の呼称	7	24	11	Ⅰ—27	8			
	4	～にNをくれます。	24	29	25／24	Ⅱ—5	8	19	48	②Ⅶ—3
11	1	動詞の分類	14	12	6	Ⅰ—19	9	4		①Ⅱ—1,2
	2	Vて	14	13	9	Ⅰ—19	10	5	12	①Ⅱ—3
	3	Vてください。	14	14	9	Ⅰ—20	10		28	
	4	Vて、V。	16	13	9	Ⅰ—19	11	5	12	
	5	Vてから、V。	16	13	11	Ⅱ—5	11	5		
12	1	Vています。（動作の進行）	14	16	10	Ⅰ—25	11	6	14	②Ⅵ—1
	2	Vています。（習慣・継続）	15	16	11	Ⅰ—27	11	6		②Ⅵ—1
	3	Vています。（結果の存続・状態）	15	17	19	Ⅰ—27	13	6	15	②Ⅵ—1
	4	Vながら、V。	28	23	18／26	Ⅱ—10	19		29	③Ⅰ—2
	5	～がVています。（自然現象）	14	16			11			
	6	Aく／にVます。	19	9	12	Ⅱ—2				
13	1	Vない	17	14	12	Ⅰ—19	9		29	
	2	Vないでください。	17	14	16	Ⅰ—24	10	12	29	
	3	Vないで、V。	34		21	Ⅲ—12	20		29	
	4	～から、～。（理由）	9	27	13	Ⅰ—9	10		54	③Ⅰ—1
	5	どうして・なぜ	9	27	13	Ⅰ—9	10,19		54	

課		項　　目	みんな/新基礎	初歩	新文化/文化	JBP	外大	YMCA	富田70	丸山
14	1	辞書形	18	12	6	Ⅱ－ 3	9			①Ⅱ－1,2
	2	Ｖ〔辞書形〕ことは～です					14			
	3	～はＶ〔辞書形〕ことです	18		16*		14			
	4	Ｖ〔辞書形〕ことがあります			26		19		33	④Ⅳ－14
	5	Ｖ〔辞書形〕ことができます	18	23	22	Ⅱ－ 3	16	9	22	②Ｖ－ 2
15	1	Ｖたことがあります。	19	25	22	Ⅱ－ 4	19	10	33	④Ⅳ－14
	2-1	Ｖたあとで、～。	34		16	Ⅱ－10	12		31	
	2-2	Ｖ〔辞書形〕まえに、～。	18	13		Ⅱ－ 3	11			
	3	Ｖたり、Ｖたりします。	19	32	14	Ⅱ－ 4	12			③Ⅰ－ 3
	4	Ｖたまま、～。			27	Ⅲ－16	24			③Ⅰ－ 2
	5	Ｖたほうがいいです。	32	24	21	Ⅱ－ 6	18		51	
16	1	～と思います。	21	19	13	Ⅱ－ 8	12			③Ⅱ－ 2
	2	～と言います。	21	15	17	Ⅱ－ 8	12		30	
	3	～そうです。（伝聞）	47	21	17	Ⅲ－ 1	26		45	②Ⅵ－ 5
	4-1	～かどうか～。	40	20	20	Ⅲ－ 3	9			
	4-2	〔疑問詞〕～か～。		15			13			
	5	～でしょう。	32	10	17	Ⅱ－ 8	9		16	③Ⅱ－ 2
	6	～かもしれません。	32	28	16	Ⅱ－13	21			③Ⅱ－ 2
17	1	Ｖ〔普通形〕Ｎ　（名詞修飾）	22	12	13,18	Ⅱ－ 7	13			
	2	～がＶ〔普通形〕Ｎ　（名詞修飾）	22	20	21	Ⅱ－ 7	13			
	3	Ｖ〔現在形〕とき、Ｖます。	23	15	13	Ⅱ－12	15	4	31	②Ⅵ－ 7
	4	Ｖ〔過去形〕とき、Ｖました。	23		28	Ⅱ－12	15	4		②Ⅵ－ 7
	5-1	Ｖ〔現在形〕とき、Ｖました。	23*		28	Ⅱ－12	15	4	31	②Ⅵ－ 7
	5-2	Ｖ〔過去形〕とき、Ｖます。		15	28*					
18	1-1	Ｖてもいいです。	15	26	9	Ⅰ－23	14	12	50	③Ⅱ－ 3
	1-2	Ｖてはいけません。	15*			Ⅱ－ 9			50	
	2	Ｖなければなりません。	17	26	20	Ⅱ－ 9	15		50	
	3	Ｖなくてもいいです。	17		21	Ⅱ－ 9	15		50	
19	1	可能動詞	27	23	22	Ⅱ－19	16	9	22	②Ｖ－ 2
	2	可能動詞の文（能力）	27	23	22	Ⅱ－19	16	9		②Ｖ－ 2
	3	可能動詞の文（状況）	27*	23	22	Ⅱ－19	16	9		②Ｖ－ 2
	4	見えます・聞こえます。	27	23	31	Ⅱ－14	17	9		③Ⅲ－ 5
	5	～がします。（音・匂い）	47	20		Ⅲ－18	17			
	6	Ｖのが／を～。	38	22		Ⅱ－14	23			④Ⅵ－11
20	1	自動詞・他動詞	29	18	26	Ⅲ－11	17	17	59	
	2	～がＶ〔自動詞〕ています。	29	18	27	Ⅲ－11	17	17	61	
	3	～をＶ〔他動詞〕ておきます。	30	32	27	Ⅲ－ 6	22	17	60	②Ⅵ－ 3
	4	～がＶ〔他動詞〕てあります。	30	18	32,36/27	Ⅲ－ 6	22	17	61	②Ⅵ－ 2
	5	Ｖてみます。	40	20	19	Ⅲ－ 5	14		60	
	6	Ｖてきます。	43	14		Ⅲ－ 7	17		60	③Ⅲ－ 2
21	1	Ｖ〔意向形〕と思っています。	31	19	20	Ⅱ－18	20	11	26	
	2	Ｖつもりです。	31	19	20	Ⅱ－18	20	11	26	
	3	～んです。	26	24	16	Ⅱ－11	18			
	4	Ｖてしまいます。	29	20	19,35	Ⅲ－ 5	24		60	②Ⅵ－ 4
22	1	Ｖたら、～。（仮定）	25	32		Ⅱ－15	16			②Ⅷ－ 2
	2	Ｖても、～。	25	32	26	Ⅲ－ 7	21	16	57,70	③Ⅰ－ 4

課		項　目	みんな/新基礎	初歩	新文化/文化	JBP	外大	YMCA	富田70	丸山
	3	Ｖなら、〜。		32	31	II－15	21	22	68	②VIII－1
	4	Ｖたら、〜。（予定行動）	25	32	31	II－15	21	22	69	②VIII－2
	5	〔疑問詞〕Ｖたらいいですか。	26	26		III－5	21			
23	1	Ａそうです（様態）。	43	20	23	III－4	23	13	44	②VI－5
	2	Ｖそうです（様態）。	43	21	23,35/35	III－4	23	13	44	②VI－5
	3	Ｎのようです。（比況）		24	31	III－1	23		38	
	4	〜をしています。（形/色）		21			23		38	
24	1	〜ようです。（推量）	47	28	32	III－1	25	14		②VI－5
	2	〜らしいです。（推量）		28		III－4	28	14	43	②VI－5
	3	〜はずです。	46		19	III－2	27			③II－2
25	1-1	Ｖてあげます。	24	29	28	III－7	22	19	49	②VII－3
	1-2	Ｖてもらいます。								
	2	Ｖてくれます。	24	29	28	III－11	22	19	49	②VII－3
	3	Ｖていただけませんか。	26		30		22			
26	1	〜ので、〜。（理由）	39	27	14	II－13	17	15	52	③I－1
	2	〜て/なくて、〜。（原因・理由）	39	13,27	27,34/34	II－14 III－12	24	15	58	③I－1
	3	〜ために、〜。（原因）						15		
	4-1	Ａくなります。（変化）	19	9	12	II－5	7	18	55	③III－4
	4-2	Ａになります。（変化）								
	5	Ｖようになります。	36	23	24/25	III－10	16	18	55	③III－4
27	1	〜と、〜。（条件）	23	26	12,19,26	II－16	19	22	56	②VIII－1
	2-1	Ｖば、〜。	35	32	22,35	II－16	21	22	67	②VIII－2
	2-2	Ａければ、〜。								
	3-1	Ａなら（ば）、〜。	35	32	22	II－16	21	22	67	②VIII－1
	3-2	Ｎなら（ば）、〜。								
	4	〜のに、〜。（逆接）	45	27	32/34	III－14	25	16	53	③I－4
28	1	受け身の文（直接受け身）	37	31	32	III－8	24	20	62	②VII－1
	2	受け身の文（間接受け身）	37	31	32	III－8	24	20	62	②VII－1
	3	受け身の文〔自動詞〕		31	32	III－8	24	20	62	②VII－1
	4	受け身の文（非情）	37	31	33	III－8	24	20	63	②VII－1
29	1	使役の文〔自動詞〕	48	30	34	III－9	27	21	64	②VII－2
	2	使役の文〔他動詞〕	48	30	34	III－9	27	21	65	②VII－2
	3	使役受け身の文			36			21	66	②VII－2
	4	Ｖさせてください。	48	30	35	III－9	27	21		
30	1	尊敬語（特別な形）	49	33	30	III－13	28	23		④IV－3
	2	おＶになります。（尊敬）	49	33	30	III－13	28	23		④IV－3
	3	おＶします。（謙譲）	50	33	30	III－13	28	23		④IV－3
	4	謙譲語（特別な形）	50	33	30	III－13	28	23		④IV－3
	5	Ｎでございます。	50	33				23		

●参考図書・参考文献

◆教えるときに参考になる図書

- 『入門日本語教授法』東京YMCA日本語学校編　創拓社　1992
- 『教授法マニュアル70例』⑪・⑫　富田隆行　凡人社　1993
- 日本語教育演習シリーズ①②『教えるためのことばの整理』1・2　丸山敬介　京都日本語教育センター　1994
- 日本語教育演習シリーズ③④『さまざまな表現』1・2　丸山敬介編　京都日本語教育センター・1995
- 『文化初級日本語 教師用手引き書』I・II　文化外国語専門学校　1990
- 『新日本語の基礎 教師用指導書』I・II　（財）海外技術者研修協会（AOTS）編　スリーエーネットワーク　1992
- 『日本語の教え方の秘訣』上・下　有馬俊子　スリーエーネットワーク　1993
- 『続日本語の教え方の秘訣』上・下　有馬俊子　スリーエーネットワーク　1995
- 『みんなの日本語』初級I　教え方の手引き　スリーエーネットワーク　2000
- 『JAPANESE FOR BUSY PEOPLE』I・II・III　教師用指導書　AJALT　講談社インターナショナル　1994
- 『JAPANESE FOR EVERYONE』教師用指導書　名柄迪ほか　学習研究社　1990
- 『進学する人のための日本語初級』教師用指導書　国際学友会日本語学校　1997
- 日本語の教え方実践マニュアル『わざー光る授業への道案内』今村和宏　アルク　1996

◆教えるときに使える教材

- 『初級日本語ドリルとしてのゲーム教材50』栗山昌子・市丸恭子　アルク　1992
- 『日本語コミュニケーションゲーム80』CAGの会編　The Japan Times　1993
- 『楽しく聞こう』工藤節子ほか　文化初級日本語聴解教材　文化外国語専門学校　1992
- 『楽しく聞こう』教師用　文化初級日本語聴解教材　文化外国語専門学校　1992
- 『楽しく話そう』文化初級日本語会話教材　文化外国語専門学校　1995
- 『楽しく読もう』文化初級日本語読解教材　文化外国語専門学校　1996
- 『毎日の聞きとり50日 初級編』上・下　宮城幸枝ほか　凡人社　1998
- 『クラス活動集101』―『新日本語の基礎』I準拠―　高橋美和子ほか　スリーエーネットワーク　1994
- 『続クラス活動集131』―『新日本語の基礎』II準拠―　高橋美和子ほか　スリーエーネットワーク　1996
- 『24 Tasks for Basic Modern Japanese』I・II　元橋富士子・林さと子　The Japan Times　1990
- 『絵とタスクで学ぶ日本語』村野良子・谷道まや　1988
- 『絵でマスターにほんご基本文型85』村野良子　1996
- 『初級日本語れんしゅう』東京外国語大学留学生日本語教育センター編　1990
- 新絵教材　（財）海外技術者研修協会　スリーエーネットワーク　1992
- 『みんなの日本語』初級I　練習C・会話イラストシート　スリーエーネットワーク　2000
- 『みんなの日本語』初級II　練習C・会話イラストシート　スリーエーネットワーク　2001

■参考文献

・庵功雄ほか　2000　『初級を教える人のための日本語文法ハンドブック』　スリーエーネットワーク
・遠藤織枝編　1995　『概説 日本語教育』　三修社
・岡崎敏雄ほか編　1992　『ケーススタディ 日本語教育』　桜楓社
・岡崎敏雄・岡崎眸　1990　『日本語教育におけるコミュニカティブ・アプローチ』　凡人社
・岡野喜美子ほか　1994　『TOTAL JAPANESE』Grammar and Conversation Notes WASEDA UNIVERSITY
・木村宗男ほか編　1989　『日本語教授法』　おうふう
・金田一春彦編　1976　『日本語動詞のアスペクト』　むぎ書房
・柴田武ほか　1982　平凡社選書『ことばの意味』1～3　平凡社
・ジョンソン＆モロウ　1984訳　『コミュニカティブ・アプローチと英語教育』　桐原書店
・寺村秀夫　1984　『日本語のシンタクスと意味』II　くろしお出版
・富田隆行　1991　『基礎表現50とその教え方』　凡人社
・富田隆行　1991　『文法の基礎知識とその教え方』　凡人社
・野田尚史　1991　『はじめての人の日本語文法』　くろしお出版
・益岡隆志・田窪行則　1992『基礎日本語文法 改訂版』　くろしお出版
・益岡隆志編　1993　『日本語の条件表現』　くろしお出版
・牧野成一、筒井通雄　1986　『A DICTIONARY OF BASIC JAPANESE GRAMMAR』　The Japan Times
・町田健　1989　NAFL選書『日本語の時制とアスペクト』　アルク
・丸山敬介　1995　日本語教育演習シリーズ⑤『教え方の基本』　京都日本語教育センター
・丸山敬介　1990　『経験の浅い日本語教師の問題点の研究』　創拓社
・宮地裕・田中望　1988　放送大学教材『日本語教授法』　放送大学教育振興会
・宮地裕・清水康行　1993　放送大学教材『日本語の表現と理解』　放送大学教育振興会
・宮島達夫・仁田義雄編　1995　『日本語類義表現の文法』（上）単文編　くろしお出版
・宮島達夫・仁田義雄編　1995　『日本語類義表現の文法』（下）複文・連文編　くろしお出版
・宮田百合子　1991　「どう答える？　学生のあんな質問・こんな質問」日本語教師読本シリーズ19『日本語の教え方ガイド』　アルク
・森田良行ほか　1993　『ケーススタディ日本語の語彙』　おうふう
・森田良行　1989　角川小辞典『基礎日本語辞典』　角川書店
・吉川武時　1989　NAFL選書『日本語文法入門』　アルク
・吉川武時ほか　1987　NAFL日本語教師養成通信講座『日本語の文法』1～3　アルク

・Bresnihan, Brian（1992）*How is at least as important as What.* The Language Teacher, 16(6), 37-39
・Littlewood, W（1981）*Communicative Language Teaching.* Cambridge University Press
・Richards, J（1994）*Reflective Teaching in Second Language Classrooms.* Cambridge University Press
・Skehan, Peter（1995）*A Framework for the Implementation of Task-based Instruction.* Applied Linguistics, 16, 542-566

일본어 쉽게 가르치는 법 ABC

Copyright ⓒ 1998 寺田和子·三上京子· 山形美保子·和栗雅字
Original Japanese edition published by ALC Press, Inc.
This Korean edition published by arrangement with ALC Press, Inc., Tokyo
through Tuttle-Mori Agency, Inc., Tokyo

일본어 쉽게 가르치는 법 ABC

초판 1쇄 인쇄일 · 2004년 6월 4일
초판 1쇄 발행일 · 2004년 6월14일

지은이 · 松崎寬 · 河野俊之
펴낸이 · 박영희
표지 · 조선경
펴낸곳 · 도서출판 어문학사
132-891 서울시 도봉구 쌍문동 525-13
전화 (02)998-0094 | 팩스 (02)998-2268
E-mail : am@amhbook.com
URL : 어문학사
출판등록 2004년 4월 6일 제7-276호
ISBN89-91222-07-2   13730

값 9,000원

● 잘못된 책은 바꿔드립니다.